# Schenk dir das Leben, von dem du träumst

KATHARINA TEMPEL

# INHALT

# Wenn das Herz weint

Es gibt Momente im Leben, da wird einem bewusst, dass es so nicht weitergehen kann. Momente, in denen wir beschließen, dass wir uns nicht länger schlecht fühlen möchten und den Teufelskreis aus Leid und Kummer endlich stoppen wollen. Wenn auch du die Sehnsucht nach einem glücklicheren Leben kennst, begib dich mit mir auf den Weg und lass uns gemeinsam eine Reise antreten, die in Richtung einer besseren Zukunft führt.

# BIS HIERHIN UND NICHT WEITER

*Eigentlich könnte das Leben so schön sein. Eigentlich. Denn viel häufiger ist es anstrengend statt schön. Es ist schwer statt leicht. Frustrierend statt angenehm.*

Es erzeugt Schmerz statt Freude. Langeweile statt Aufregung. Stress statt Genuss. Wir träumen von einem besseren Leben und sind doch gefangen in den ewig gleichen Routinen, aus denen wir irgendwie nicht ausbrechen können. Was wir auch tun, wir werden weiter von denselben Sorgen über die Zukunft heimgesucht, denselben schmerzhaften Erinnerungen, die uns Kummer bereiten und denselben jahrelang antrainierten Glaubenssätzen, die uns einschränken und klein halten. Wir bleiben dieselben Menschen, die dieselben Erfahrungen machen, und fühlen uns weiterhin schlecht.

Wir sehnen uns nach Liebe, aber streiten viel zu häufig. Wir wünschen uns unbeschwert zu sein, aber lassen uns doch vom Alltag belasten. Wir möchten etwas Neues erschaffen, aber bleiben in denselben ungesunden Gewohnheiten verhaften.

»Das Leben ist ein Geschenk«, sagt man. Warum aber fühlt es sich dann so oft wie eine Bürde an? Wie sollen wir es auch genießen, wenn unser Kopf voller Sorgen und unser Herz schwer von all der Verantwortung ist? Wie sollen wir glücklich sein, wenn wir von unseren täglichen Pflichten schier erschlagen werden? Und wie sollen wir hoffnungsvoll in die Zukunft blicken, wenn alles, was wir in der Vergangenheit gelernt haben, Wut, Kummer und Schmerz ist?

Wir mögen von einem sorglosen Leben träumen, doch sind wir nicht dazu gemacht, dauerhaftes Glück zu empfinden. Glück können wir immer nur im Kontrast zu Leid und Unzufriedenheit erfahren. Nur wer Schmerzen kennt, weiß seine Gesundheit zu schätzen. Nur wer gescheitert ist, kann seinen Erfolg genießen. Nur wer weiß, wie sich Trauer anfühlt, kann auch Freude empfinden. Im Leben gibt es das eine nicht ohne das andere.

Es ist daher normal, immer wieder schwere Zeiten durchzumachen, unzufrieden oder orientierungslos zu sein. Und wenn es dir gerade so gehen sollte, macht dich das nicht schwach oder falsch, sondern ist Zeichen für deine Menschlichkeit. Sich in der heutigen Welt mit all den Möglichkeiten, aber auch all den Erwartungen und Pflichten zurechtzufinden ist schon eine Herausforderung. Ich kenne niemanden, der nicht ab und an ins Straucheln gerät. Und wenn dann noch das Schicksal in Form der ein oder anderen Krise zuschlägt, zieht es den meisten den Boden unter den Füßen weg.

Manche Menschen sind für die Herausforderungen des Lebens besser gerüstet, weil sie von klein auf wichtige Ressourcen entwickeln konnten. Sie haben von ihren Eltern vielleicht

Urvertrauen und ein stabiles Selbstwertgefühl mit auf den Weg bekommen. Das hilft ihnen, Krisen schneller zu überwinden und sich für ihre Träume starkzumachen. Vielleicht gehörst du aber zu den Menschen, die mit schlechteren Voraussetzungen gestartet sind, weil du zum Beispiel frühe Verlusterfahrungen gemacht hast, vernachlässigt oder sogar misshandelt wurdest.

*Die Erfahrungen, die wir im Leben machen, prägen uns. Sie formen unsere Gedanken, unsere Gewohnheiten und unsere Identität.*

Wer wiederholt verletzt wurde, verliert das Vertrauen in seine Mitmenschen und irgendwann auch in sich selbst. »Wieso habe ich nicht früher erkannt, was da auf mich zukommt?«, »Wieso konnte ich nicht verhindern, dass mir das passiert?«. Mit jeder Verletzung werden wir vorsichtiger. Wir verlieren unseren Mut und unsere Zuversicht. Was bleibt ist Verunsicherung, Misstrauen und eine Schutzmauer, die höher und höher wird. Mit jeder negativen Erfahrung ziehen wir uns weiter zurück, bis wir irgendwann den Glauben daran verlieren, dass es jemals besser wird.

Ich weiß nicht, was du erfahren hast, aber ich bin sicher, dass du Schmerz, Kummer und Enttäuschung kennst. Vielleicht geht es dir gerade sehr schlecht, während du diese Zeilen liest. Vielleicht bist du am Ende deiner Kräfte, verzweifelt und weißt nicht, wie du weitermachen sollst. Und vielleicht ist dieses Buch der letzte Strohhalm, nach dem du greifst, um dich endlich aus der Dunkelheit zu befreien, die schon so lange dein Zuhause ist.

Möglicherweise ist in deinem Leben aber auch alles in Ordnung. Es ist nur nicht das Leben, das du führen willst. Die Dinge gehen so ihren Gang und von außen betrachtet, würde man denken, dass es dir gut geht und du glücklich bist. Nur innerlich, da stimmt etwas nicht, weil du tief in deinem Herzen spürst, dass du etwas anderes willst.

Du musst kein schlechtes Gewissen haben, weil du dich nach etwas anderem sehnst. Es ist die natürlichste Motivation des Menschen, nach einem glücklichen Leben zu streben. Fast alles, was wir tun, machen wir, weil wir uns davon Glück versprechen. Und so bin ich sicher, dass auch du schon einiges getan hast, um dir ein besseres Leben zu erschaffen.

Nur, so richtig gefruchtet hat es vermutlich noch nicht. Früher oder später hast du dich doch in denselben Situationen wiedergefunden. Denselben Situationen, denen du eigentlich endgültig entkommen wolltest. »Wir kommen nicht aus unserer Haut«, sagt man dann. Und irgendwie kommen wir auch nicht aus unserem Leben.

Egal, was wir auch versuchen, wir bleiben die gleichen Menschen, mit den gleichen Problemen, den gleichen Erfahrungen und führen das gleiche Leben. Kein Wunder, dass früher oder später die Überzeugung entsteht, wir Menschen könnten uns einfach nicht ändern.

### KEIN AUSWEG IN SICHT?

»Mein ganzes Leben ist nur von Perspektivlosigkeit bestimmt. Glaub mir, ich hab viele Dinge ausprobiert. Aber alles, was ich neu versuche, wird nur zu einem weiteren Scheitern meines Selbst. Am liebsten würde ich einfach einschlafen und nicht wieder aufwachen.«

Im Laufe meiner Coachingtätigkeit habe ich viele Nachrichten wie diese erhalten: Menschen, die so frustriert von den Erfahrungen sind, die sie wieder und wieder machen, dass ihnen der Tod wie die Erlösung erscheint. Menschen, die nicht mehr an Veränderung glauben. Die sich nicht vorstellen können, dass ihr Leben wieder schöner und sie wieder glücklich werden könnten. Dabei ist das Einzige, was das Leben niemandem von uns bieten kann, der Stillstand. Leben heißt Veränderung. Das ist so etwas wie das Grundprinzip allen Seins. Manchmal wird uns diese Veränderung von außen aufgezwungen, zum Beispiel weil wir einen geliebten Menschen verlieren oder uns nach einer neuen Arbeit umsehen müssen. Doch können wir diese Veränderung auch selbst anstoßen.

*»Ich weiß nicht, ob es besser wird, wenn es anders wird. Aber es muss anders werden, wenn es besser werden soll.«*
GEORG CHRISTOPH LICHTENBERG
(BEGRÜNDER DER APHORISTIK)

Ich kann dir kein sorgloses Leben garantieren und kein Trick der Welt kann verhindern, dass du Krisen und Unglück erfährst. Wer lebt, riskiert auch, verletzt zu werden. Aber ist das am Ende nicht immer noch besser als nie (wahrhaft) gelebt zu haben? Selbst, wenn unsere Startbedingungen denkbar schlecht waren oder wir viel ertragen mussten, haben wir dennoch immer die Möglichkeit das Blatt zu wenden.

*All das Schlechte, dass wir im Leben kennenlernen, darf uns nicht davon abhalten, die Möglichkeiten auszukosten und unser Potenzial zur Entfaltung zu bringen.*

Am Ende wollen wir auf ein Leben zurückblicken, das sich gelohnt hat, in dem wir zwar nicht von Krisen verschont wurden, aber in dem die guten Momente umso schöner waren.

# AUCH KLEINE SCHRITTE FÜHREN ZUM ZIEL

*Wer von Veränderung träumt, denkt oft an große Taten. Doch einfacher, alltagsnäher und zielführender ist eine Veränderung in vielen kleinen Schritten.*

Wir haben jederzeit die Möglichkeit, unser Leben zu verändern. Wir können unser Umfeld neu gestalten und auch uns selbst neu erfinden. Die Dinge müssen nicht bleiben, wie sie sind. Wir sind nicht dazu verdammt, die Erfahrungen der Vergangenheit zu wiederholen. Wir müssen uns nicht für den Rest unseres Lebens schwach, unglücklich oder sonst wie schlecht fühlen. Wenn wir uns der Muster bewusstwerden, die uns leiten, können wir ändern, was uns stört und uns eine neue Realität erschaffen. Natürlich wird das Leben weiterhin mit uns Achterbahn fahren und egal, was wir auch tun, wir werden nie alles kontrollieren können. Aber selbst wenn alles verloren scheint, gibt es immer etwas, was wir tun können, um uns wenigstens ein kleines bisschen besser zu fühlen.

Genau dieses Vorgehen der kleinen Schritte möchte ich dir hier näherbringen. Denn, wenn wir ehrlich sind: Für die großen Veränderungen fehlt uns sowieso viel zu oft die Energie und auch der Mut. Das ist okay. Du brauchst keine drastischen Schritte, um glücklicher zu werden und dir ein schöneres

Leben zu erschaffen. Zumal sich das, was wirklich ersetzt werden muss, sowieso nicht durch *eine* Aktion verändern lässt. Statt weiter davon zu träumen, eines Tages deinen Job zu kündigen und um die Welt zu segeln, nur um dann nach dem Aufwachen wieder frustriert und enttäuscht in dein altes Leben zurückzukehren, sorge lieber dafür, dass es dir im Hier und Jetzt Schritt für Schritt besser geht.

Denn jede noch so kleine Veränderung zählt. Selbst ein einzelner neuer Gedanke kann neue Handlungsmöglichkeiten schaffen und ein zaghaftes Lächeln neue Zuversicht bringen. Kleine Veränderungen mögen unbedeutend erscheinen, doch können sie in der Summe eine große Wirkung entfalten.

## RAUS AUS DER KRISE – REIN INS GLÜCK

»Ich habe alles, was ich immer wollte«, schreibt Anonym, »Job, Mann, Haus, zwei Kinder. Und bei jeder Autofahrt, wenn ich allein fahre, überlege ich, ob ich überhaupt nach Hause zurückkehre. Fluchtgedanken, jeden Tag. Ohne ersichtlichen Grund. Ich undankbare Frau.

Geht ja eh nicht. Baby braucht mich, Kind tickt aus, wenn ich nicht da bin. Niemals würde ich einfach wegbleiben. Böse Gedanken, sowas machen Mütter nicht. Warum hast du dir denn dann überhaupt Kinder angeschafft? (…)

Pausen, Urlaub, Feierabend. Gibt's nicht. Keine Sekunde zum Atmen.

Schaff dir Inseln, sagen sie.

Fickt euch mit euren Inseln, sage ich. Fickt euch mit euren Duftkerzen, euren Badewannen, eurem albernen Yoga. Ihr heult doch nachts auch alle ins Kissen, gebt's einfach zu.«

*Anonyme Einsendung auf dem Instagram-Profil:* Mami.hat.recht

Die Gründe mögen verschieden sein, aber die allermeisten von uns kennen das Gefühl, völlig ausgebrannt, erschöpft und verzweifelt zu sein. Nicht mehr ein und aus zu wissen und nachts den Schmerz in Tränenströmen rauszulassen. Manchmal ist das Letzte, was man in so einer Situation hören möchte, ein Ratschlag, wie es einem besser gehen kann.

Natürlich darfst du dich schlecht fühlen und oft ist auch mehr als verständlich, warum es dir gerade so geht. Wenn Coaches und Ratgeberautoren mit zahlreichen gut gemeinten Tipps aufwarten, entsteht schnell der Druck, dass man sich ständig und immer gut fühlen müsse. Doch das muss niemand. Es gehört zum Menschsein, schwere Phasen zu durchleben, Schmerz und Leid zu empfinden und unglücklich zu sein. Es ist dein gutes Recht, sämtliche Ratschläge zu ignorieren und dich in deinem Kummer einzurichten.

Es ist aber auch dein gutes Recht, nach mehr Freude, Heiterkeit und Glück zu streben. Jetzt mag es dir unvorstellbar vorkommen, doch es gibt immer etwas, was wir tun können, um uns ein klein wenig besser zu fühlen. Dieses verdammte Yoga mag dir zum Hals heraushängen, aber es ist nun mal ein Fakt, dass Bewegung sowohl kurzfristig als auch langfristig das Wohlbefinden steigern kann.

Und selbst, wenn es dir nur für 15 Minuten besser geht, wäre das nicht die Mühe wert? Insbesondere, weil eine positive Veränderung weitere positive Entwicklungen nach sich ziehen und so in einer Aufwärtsspirale münden kann.

Ich bin der tiefsten Überzeugung, dass wir – selbst in der schlimmsten Krise – immer etwas tun können, um unsere Situation zu verbessern und uns ein klein wenig wohler zu fühlen. Wenn du sagst: »Fick dich mit deinem Yoga, ich will davon nichts wissen«, verstehe ich das. Und dennoch kann ich dich nur ermuntern, selbst den kleinsten Veränderungen eine Chance zu geben. So banal sie auch wirken mögen, können sie doch der Anfang vom Ende deiner Krise sein und dir den Weg in ein schöneres Leben weisen.

Egal, wie ausweglos die Situation gerade aussieht, wir haben immer die Möglichkeit sie über eine Veränderung unserer Einstellungen oder Gewohnheiten zu verbessern. Auch, wenn wir das in diesen Situationen nicht unbedingt hören wollen. Es ändert nichts daran, dass es wahr ist. Es liegt an dir, ob du bereit bist, dich darauf einzulassen.

## DER ERSTE TAG DEINES NEUEN LEBENS

Das Vorgehen der kleinen Schritte weist dir jedoch nicht nur den Weg aus der Krise. Es hilft auch, die Veränderungen in deinem Leben zu erreichen, nach denen du dich schon lange sehnst. Sei es, dass du genug davon hast, dich weiter von deinen Ängsten einschränken zu lassen, immer an die falschen Männer oder Frauen zu geraten, ständig ausgebrannt und erschöpft zu sein oder dich permanent unglücklich zu fühlen. All die Ziele, an denen du in der Vergangenheit gescheitert bist, sind nicht unerreichbar. Auch, wenn deine Erfahrungen bislang das Gegenteil bewiesen haben, du kannst dich jederzeit ändern. Deine Vergangenheit muss nicht deine Zukunft sein. Wenn du es nur möchtest, kann heute der erste Tag deines neuen Lebens sein.

Ein besseres Leben ist möglich. Für dich, für mich … für jeden von uns. Wir können zu jeder Zeit neue Erfahrungen machen und die Schatten der Vergangenheit abschütteln. Du wirst hier erfahren, wie du zu dem Menschen geworden bist, der du heute bist. Und du wirst den Ansatz der Mikroveränderungen kennenlernen, der es dir ermöglicht, dich neu zu erfinden. Außerdem werde ich dir die verschiedenen Hebel für ein glücklicheres Leben vorstellen, die meiner Erfahrung nach häufig zu kurz kommen, weil wir unser Glück viel zu oft an falscher Stelle suchen.

Ich hoffe, dass dir dieses Buch dabei hilft, wieder Vertrauen in dich selbst und in deine Zukunft zu gewinnen. Letzten Endes sind wir alle ein Produkt der Erfahrungen, die wir von klein auf gemacht haben. Wer für sich ein anderes Leben möchte, der muss sich andere, neue, bessere Erfahrungen schaffen. Und zwar so oft, bis der Kummer mit Freude und die Enttäuschung mit Zuversicht überschrieben ist.

*Solange du atmen kannst, wirst du nach einem glücklichen Leben streben. Auch, wenn du nach außen jede Hoffnung aufgegeben hast, weil du zu oft daran gescheitert bist, dein Herz wird nie aufhören, sich danach zu sehnen.*

Und das ist auch gut so. Denn solange du lebst, besitzt du die Fähigkeit dich zu verändern. Du kannst aus jeder Situation heraus glücklicher werden und dir ein schöneres Leben erschaffen, auch wenn es dir im Moment noch unmöglich vorkommen mag. Wie dir das mit Hilfe von kleinen realistischen Schritten gelingt, erfährst du auf den kommenden Seiten.

# Wo das Glück zu finden ist

Wir träumen von einem glücklicheren Leben, doch suchen wir das Glück an falscher Stelle. Nur wer erkennt, welche Schlüssel wirklich zu mehr Erfüllung führen, kann dem Hamsterrad der modernen Leistungsgesellschaft mit ihrem Höher, Schneller, Weiter entkommen und sich ein glückliches Leben aufbauen.

# GEFANGEN IM HAMSTERRAD

*Wenn du schon vieles getan hast, um glücklicher zu werden, doch nichts davon Früchte trug, hast du dich bislang vermutlich auf die falschen Wege konzentriert.*

Möglicherweise träumst du davon, dich selbstständig zu machen oder du möchtest endlich eine erfüllte Beziehung führen. Vielleicht ist es dein Traum einen Haufen Kinder zu haben, nach L. A. zu ziehen, ein Café zu eröffnen oder mit Freunden auf einem Bauernhof zu leben.

Ich weiß nicht, wovon du genau träumst. Ich weiß aber, dass fast all unseren Zielen eine gemeinsame Sehnsucht zu Grunde liegt, und zwar die Sehnsucht nach einem glücklichen Leben. Manchmal glauben wir, das Glück liege am Strand von Malibu und wenn wir erstmal dort leben, könnten wir gar nicht anders, als glücklich zu sein.

Sicherlich ist es sinnvoll nach Zielen zu streben, die für dich persönlich bedeutsam sind. Und wenn L. A. ein Sehnsuchtsort von dir ist, kann es zu deinem Lebensglück beitragen, dort hinzuziehen. Das Problem ist aber, dass wir diese Dinge viel zu oft als Voraussetzung für unser Glück betrachten. Dann glauben wir, nur auf diese Weise glücklich werden zu können.

## DIE WENN-DANN-FALLE

Wann immer wir unser Glück von der Erreichung eines Zieles abhängig machen, nehmen wir uns die Möglichkeit, im Hier und Jetzt glücklich zu sein. Wir können uns schließlich erst dann gut fühlen, wenn wir erreicht haben, was wir als Voraussetzung für unser Lebensglück definieren. Vielleicht hast auch du dich schon einmal in der Vorstellung verloren, dass nur der richtige Partner dich glücklich macht? Du irrst durch dein Leben und erlebst mal dies, mal das. Aber wirklich angekommen wirst du erst in dem Moment sein, wenn du den perfekten Partner gefunden hast.

Ich weiß nicht, wie es dir ergangen ist, aber ich musste leider feststellen, dass ein Partner nicht die Lösung aller Probleme ist. Denn plötzlich kamen andere auf. Zum Beispiel: Was soll ich studieren? Was will ich mit meinem Leben anfangen? Wie kann ich mich finanzieren? Eine Beziehung zu führen kann wunderschön sein, aber sie ist eben nur ein Aspekt, in einem äußerst komplexen und facettenreichen Leben.

*Hast auch du schon einmal gehofft, dass etwas oder jemand dich endlich glücklich macht? Dass du nur etwas Bestimmtes erreichen musst oder dass etwas Bestimmtes passieren muss, damit dein Leben endlich schön wird und du glücklich sein kannst?*

Wenn wir die Einstellung verinnerlicht haben, dass wir erst etwas Bestimmtes erreichen müssen, um glücklich zu sein, werden wir zeit unseres Lebens nach dieser Sache suchen. Dann setzen wir uns ein Ziel nach dem anderen, immer in der Hoffnung, dass das nächste endlich dasjenige ist, das uns den Weg in den siebten Himmel weist. Wie ein Esel laufen wir der vorgehaltenen Möhre hinterher und kommen doch nie an sie heran. Denn nach dem einen Ziel ist vor dem nächsten Ziel. Und weil sich – egal, was wir auch erreichen – nie grundsätzlich etwas an unserem Empfinden ändert, sind wir gezwungen, immer weiterzumachen. So rennen wir und rennen und bleiben doch dieselben.

Besonders fatal ist die Strategie, wenn das Ziel, von dem wir unser Glück abhängig machen, in unerreichbare Ferne rückt:

In Denise' Leben lief lange Zeit alles rund. Sie hatte einen großen Freundeskreis, einen guten Job und führte eine harmonische Langzeitbeziehung. Als ihr erstes Kind zur Welt kam, schien das Glück perfekt. Denn für Denise, die selbst aus einem glücklichen und stabilen Elternhaus kam, war eines der größten Lebensziele, eine eigene Familie zu gründen. Nach dem Mädchen sollte ein Junge folgen. Doch es kam alles anders, als sie ihr Partner nach 15 Jahren Beziehung verließ. Aus der Traum von der heilen Familie. Plötzlich fand sich Denise als alleinerziehende Mutter wieder. Das Lebensbild, an das sie sich geklammert hatte, entglitt ihren Fingern. Während in ihrem Umfeld immer mehr Paare heirateten und Kinder bekamen, musste Denise ihren Traum von der perfekten Familie (vorerst) aufgeben.

Ihre Trennung liegt inzwischen mehr als drei Jahre zurück und die Tochter geht bereits zur Schule. Ob Denise irgendwann noch einmal das klassische Familienbild leben wird? Vielleicht. Aber vielleicht auch nicht. Aktuell arbeitet sie unermüdlich daran, ihr Glück auch jenseits dieser Vorstellung zu finden.

## UNZUFRIEDEN, EGAL, WIE VIEL MAN HAT

Wir können das Leben nicht zu 100 Prozent kontrollieren. Es werden immer Dinge geschehen, auf die wir keinen Einfluss haben. Eine Trennung zu verarbeiten ist schwer genug. Doch etwas zu verlieren, von dem wir überzeugt sind, dass wir es brauchen, um glücklich zu sein, hinterlässt das Leben in einem Scherbenhaufen. Wir sollten unser Glück daher nicht vom Erreichen äußerer Umstände abhängig machen. Zumal uns all diese Errungenschaften im Außen nicht das geben können, wonach wir uns wirklich sehnen – zumindest nicht dauerhaft.

*Hast auch du schon einmal die Erfahrung gemacht, dass etwas, von dem du geglaubt hast, es würde dich glücklich machen, nur einen kurzen und leider keinen bleibenden Effekt auf dein Wohlbefinden hatte?*

Damit bist du nicht allein. Eine Vielzahl wissenschaftlicher Studien kam zu dem Ergebnis, dass all diese wunderbaren Ereignisse, wie Hochzeiten, Beförderungen oder die Geburt eines Kindes, unser Glücksempfinden nur vorübergehend ansteigen lassen. Nach kurzer Zeit sind wir wieder genauso glücklich oder unglücklich wie zuvor. Selbst den Jackpot in der Lotterie zu knacken, kann daran nichts ändern.

So treten wir bei unseren Versuchen, durch bestimmte Ereignisse glücklicher zu werden, fortwährend auf der Stelle und kommen nicht voran.

Ein Grund dafür liegt in der ungeheuren Fähigkeit des Menschen sich an nahezu alles zu gewöhnen. Als mein Mann und ich aus unserem 40-qm-1-Zimmer-Apartment, in dem wir fünf Jahre gemeinsam gelebt hatten, in eine 2,5 Zimmer-Wohnung umzogen, sprachen wir stets davon, dass wir uns nun »im Westflügel« oder »im Ostflügel« befänden. So sehr kamen uns diese vier Wände wie ein Palast vor. Der Platz schien endlos und wir freuten uns Tag für Tag über die neuen Möglichkeiten.

Doch nach einigen Monaten wurde die große Wohnung zur Selbstverständlichkeit und noch ein paar Monate später war sie plötzlich zu klein. Ständig stolperten wir über etwas, in der Küche musste man sich zwischen Esstisch und Herd vorbeiquetschen und als dann auch noch unser Kind auf die Welt kam, hatten wir schlichtweg keinen Platz mehr für Beistellbett, Kinderwagen & Co.

Steigende Erwartungen sind ein weiterer Grund, warum die Glücksgefühle, die durch äußere Lebensereignisse und -umstände ausgelöst werden, nie lange währen. Wir wollen immer mehr. Die Nachfrage steigt und in der globalisierten Welt, in der wir leben, ist auch das Angebot schier unendlich. Das neue Handy, über das wir uns gerade noch so freuen, wird nächste Woche schon durch ein schöneres und leistungsfähigeres ersetzt.

Jedes Mal, wenn wir uns einem erwünschten Zustand nähern, führen Gewöhnung und steigende Erwartungen also dazu, dass wir nicht zufriedener sind als zuvor.

# DIE SCHLÜSSEL ZUM GLÜCK

*Egal, was du im Außen auch erreichst, es wird dir das ersehnte Glück nicht bringen. Denn was dich wirklich glücklich macht, ist nur in dir selbst zu finden.*

Bestimmt hast auch du schon auf die ein oder andere Weise versucht glücklicher zu werden. Und vielleicht musstest du feststellen, dass nichts von dem, was du getan hast, dein Leben dauerhaft zum Positiven verändert hat. Das liegt daran, dass wir in der Regel an den falschen Stellschrauben drehen. Wir denken, dass unsere Lebensumstände darüber entscheiden, ob wir glücklich oder unglücklich sind. Also streben wir nach einem besseren Job, einer besseren Partnerschaft, nach mehr Geld, einem größeren Haus oder einem Leben im Paradies unter Palmen. Doch solange du nicht deine innere Haltung, dein Selbstbild und deine Gewohnheiten veränderst, wirst du die gleichen Probleme, Unsicherheiten und Ängste von einem Lebensabschnitt zum nächsten tragen. Dann wirst du wieder und wieder an dieselben Menschen geraten, die dir nicht guttun, in dieselben frustrierenden Situationen gelangen und dieselben altbekannten Kämpfe austragen.

Es sind nicht so sehr die äußeren Errungenschaften, die uns glücklich machen, sondern vielmehr die Gewohnheiten, die wir Tag für Tag ausleben. Denn was wir in jedem Moment denken oder tun, bestimmt wie wir uns fühlen.

Jeder Tag besteht aus einer Ansammlung scheinbar unbedeutender Momente. Alles, was du tust (ob du zur Arbeit fährst) und alles, was dir passiert (ob dir jemand den Parkplatz wegnimmt), aber auch alles, was sich in deinem Inneren abspielt (ob du dir Sorgen machst eine schlechte Leistung abzuliefern), ergibt in der Summe deinen Tag.

Was uns passiert, können wir zu großen Teilen nicht kontrollieren. Du kannst dich noch so anstrengen und wirst womöglich trotzdem bei einer Beförderung übergangen. Vielleicht zwingt dich auch eine schwere Krankheit, ein geliebtes Hobby aufzugeben oder der Rohrbruch hat ausgerechnet deine Wohnung unter Wasser gesetzt.

Was wir tun, liegt jedoch sehr wohl in unserem Einflussbereich. Wenn du dir ein schöneres Leben erschaffen möchtest, solltest du dafür sorgen, dich häufiger gut als schlecht zu fühlen. Das kannst du schon allein dadurch erreichen, indem du dir deinen Alltag so angenehm wie möglich gestaltest. Wenn unsere Tage mit interessanten Aufgaben, lieben Menschen und schönen Momenten gefüllt sind, ist es leicht, positive Emotionen, wie Freude, Dankbarkeit oder Liebe zu spüren.

Sofia ist ein wunderbares Beispiel dafür, wie sehr wir unser Lebensglück jeden einzelnen Tag selbst gestalten können. Sie berichtete mir, wie sie einen Tag, vor dem sie unglaubliche Angst hatte, in einen Tag voller Freude und Genuss verwandelte. Sie beschloss einfach, sich den Tag so schön wie möglich zu machen. Hier erzählt sie, was sie für sich gemacht hat:

- »Ich hatte ein wundervolles ausgiebiges Frühstück mit Kerzenschein, meiner Lieblingsmusik und allem, was für mich zu einem perfekten Tagesstart dazugehört.
- Ich habe während der Hausarbeit Songs aus meiner Kindheit gehört, die mir immer wieder ein Lächeln aufs Gesicht gezaubert haben.
- Ein neues Puzzle habe ich begonnen, weil ich dabei alles um mich herum vergesse und darin völlig aufgehen kann.

- Den Abend habe ich mit meinem Lieblings-Anime aus meiner Kindheit, Kerzenschein, Tee, einer Kuscheldecke und Schokoladenfondue so richtig zelebriert.
- Eingeschlafen bin ich mit einem Hörbuch von meinem Lieblingssprecher.«

So gesehen ist es gar nicht so schwer, glücklich zu sein. Wir müssen nur, wie Sofia, dafür sorgen, jeden Tag so schön wie möglich zu gestalten.

## DAS DENKEN MACHT DEN UNTERSCHIED

Was die Sache mit dem Glück in der Regel immens erschwert, sind unsere eigenen Gedanken, Überzeugungen und Ansprüche. Es ist die innere Haltung, mit der wir uns selbst, anderen und der Welt begegnen, die uns oft mit angezogener Handbremse durchs Leben fahren lässt.

Lass mich dir das am Beispiel dieses Buches erklären: Als ich neun Jahre alt war, habe ich mich an meinem ersten Roman versucht. Es wurden nur ein paar Seiten, aber viel entscheidender ist, dass ich schon damals davon träumte, Bücher zu schreiben. Den Traum habe ich zunächst Jahrzehnte aufgeschoben, man muss schließlich erst etwas »Richtiges« machen. Aber insgeheim war es mein Wunsch, eines Tages in einem kleinen Zimmer mit Blick ins Grüne Bücher zu schreiben. Wenn ich heute aus dem Fenster schaue, blicke ich ins Grüne und das Buch, das du hier liest, ist bereits mein zweites.

Mein Traum ist Wirklichkeit geworden. Eigentlich müsste ich überglücklich sein. Aber ich fühle mich wie immer. Denn das Buchschreiben kann, wie jede andere Tätigkeit, Freude bereiten oder eine Qual sein, je nach meiner inneren Haltung:

- Wenn ich mich beim Schreiben nur auf die holprigen Passagen und Lücken konzentriere, fühle ich mich demotiviert und bekomme das Gefühl zu versagen.
- Stelle ich Ansprüche an mich, zum Beispiel, dass ich es möglichst schnell oder perfekt machen muss, setzt mich das so unter Druck, dass ich nicht mehr schlafen kann.
- Interpretiere ich eine Kritik so, als würde mein Text nichts taugen, beginne ich an dem Bucherfolg zu zweifeln.
- Dann setzen vielleicht noch Sorgenspiralen ein und in meinem Kopf kreist es ständig: »Was, wenn sich niemand für das Buch interessiert?«, »Was, wenn ich etwas Falsches schreibe?«, »Was, wenn der Verlag enttäuscht ist?«

Durch jedes dieser Horrorszenarien fühle ich mich schlechter und schlechter. Und das, obwohl ich meinen Traum lebe.

Genauso gut könnte ich mich auch darauf konzentrieren und daraus Kraft ziehen, dass ich schon etwas Gutes geschrieben habe. Ich könnte meine Perfektionsansprüche bremsen, indem ich mich daran erinnere, dass es auch noch ein Lektorat gibt. Das mildert meine Ängste und lässt mich voller Vertrauen weitermachen. Wenn ich eine Kritik dann auch noch sachlich interpretiere, kann ich das Manuskript verbessern.

Statt mir auszumalen, was alles schiefgehen kann, könnte ich mir auch vorstellen, wie das Buch positiv aufgenommen wird, wie es Menschen hilft und sie glücklicher macht.

Und mit all diesen positiven Bildern kann ich gar nicht anders, als hochkonzentriert, motiviert und voller Zuversicht mein Bestes zu geben. Ich werde mich gut fühlen, weil ich tue, was ich liebe, und weil ich glaube, dass ich auf dem richtigen Weg bin und es gut ausgehen wird.

Was wir denken und mit welcher inneren Haltung wir an die Dinge herangehen, macht also einen entscheidenden Unterschied. Es ist maßgeblich dafür verantwortlich, wie wir uns fühlen. Selbst der größte Traum kann uns nicht erfüllen, wenn wir ihn mit einer ungünstigen inneren Ausrichtung angehen.

Im Grunde ist die Sache mit dem Glück keine Raketenwissenschaft. Denn ob ein Tag in deinem Leben ein guter oder schlechter Tag wird, hängt davon ab, wie viele angenehme oder unangenehme Gefühle du in diesen 24 Stunden empfindest. Diese sind wiederum von deinen Gedanken und Handlungen abhängig. Was wir wirklich brauchen, um glücklich zu sein, sind daher nicht die großen Ziele und Meilensteine. Sie ändern an unserem Wohlbefinden nicht viel. Es sind vielmehr die kleinen Momente tagein, tagaus, die in der Summe ein unglückliches oder ein erfülltes Leben ausmachen.

»Wer sich um die Minuten kümmert, kann die Jahre sich selbst überlassen.«

UNBEKANNT

## GEWOHNHEITEN BESTIMMEN DAS LEBEN

Wir haben zu großen Teilen selbst in der Hand, wie es uns an jedem gegebenen Tag geht. Das heißt, wir könnten es in der Hand haben, wenn wir nur ausreichend bewusst durch unseren Alltag gehen würden. Das ist jedoch sehr häufig nicht der Fall. Denn fast die Hälfte des Tages verbringen wir unbewusst und lassen uns von Automatismen leiten.

Als Erwachsene nehmen wir selten wahr, wie sehr Gewohnheiten unser Leben bestimmen. Wir meinen, wir hätten die Kontrolle über unsere Gedanken, Gefühle und Handlungen. Aber es sind unsere Gewohnheiten, die uns den Großteil des Tages kontrollieren. Ob du am Morgen nach dem Weckerklingeln zuerst die Vorhänge aufziehst und die frische Morgenluft einatmest oder im Halbschlaf die Nachrichten auf deinem Handy checkst, entscheidest du nicht jeden Tag neu. Du folgst deinen eingespielten Gewohnheiten. Ob du auf dem Arbeitsweg das Vogelgezwitscher wahrnimmst, hängt davon ab, wie sehr du es gewohnt bist mit deinen Gedanken in Vergangenheit oder Zukunft festzustecken. Wie du reagierst, wenn bei der Arbeit jemand deine Idee als seine ausgibt ist Resultat deiner Denk- und Handlungsmuster, die du seit Jahren verinnerlicht hast. Du wägst auch nicht im jeweiligen Moment ab, ob du das Gelächter zweier Passanten auf dich selbst beziehst und deswegen Selbstzweifel empfindest. Stattdessen greifst du auch hier wieder auf deine gewohnte Art zu denken zurück. Wenn du in Tränen ausbrichst, sobald dich dein Partner kritisiert – Gewohnheit – und wenn du dich daraufhin mit einem großen Eisbecher vor den Fernseher zurückziehst – Gewohnheit.

Es war ein sonniger Tag im September, als ich mit Anne loszog, um Essen zu holen. Gerade, als wir an einem großen Haus mit Garten vorbeiliefen, hörten wir, wie ein Mann von dem Grundstück ärgerlich nach jemandem rief. Ich dachte mir nichts weiter dabei, doch Anne schreckte sichtbar zusammen und fragte dann verdattert, was wir getan hätten. Sie glaubte, der Ruf galt uns und der Hausbesitzer hatte etwas an uns und unserem Verhalten auszusetzen. Sie war verunsichert, ängstlich und drängte mich weiterzugehen. Anne hat leider nie ein stabiles Selbstwertgefühl entwickeln können und so entsprach es ihren Denkgewohnheiten, Dinge in der Außenwelt auf sich zu beziehen. Weil sie ständig fürchtete, sie könnte anderen zur Last fallen oder irgendwie unangenehm auffallen, suchte sie in jeder x-beliebigen Situation die Schuld bei sich selbst. Sie war es gewohnt, so zu denken.

Gewohnheiten bestimmen unser Leben – und damit auch zu großen Teilen unser Lebensglück. Wer es gewohnt ist, sich jeden Tag vom Fernseher berieseln zu lassen, beraubt sich dadurch vieler schöner Momente. Wer es gewohnt ist, schlecht von sich zu denken, schreckt vor Herausforderungen zurück und nimmt sich dadurch die Möglichkeit über das negative Selbstbild hinauszuwachsen. Wer es gewohnt ist, immer vom Schlimmsten auszugehen, wird wenig Freude im Leben empfinden. Genauso wenig diejenige, die es gewohnt ist, sich andauernd Sorgen zu machen. So manch einer ist es schlichtweg gewohnt, in Gedanken ständig über ein längst vergangenes Ereignis nachzugrübeln und verpasst dadurch die Schönheit des Augenblicks. Wieder andere sind es gewohnt, sich Partner auszusuchen, die unerreichbar sind, weswegen sie nie eine erfüllte Beziehung führen. Es gibt Menschen, die es gewohnt sind, sich von anderen schlecht behandeln zu lassen – also führen sie dieses Muster ihr Leben lang fort, weil ihnen schon längst nicht mehr in den Sinn kommt, dass sie daran etwas ändern könnten.

<u>ÜBUNG:</u> **Welche Gewohnheiten prägen dein Leben?**

*Nimm dir etwas Zeit, um über wiederkehrende Muster in deinem Leben bewusstzuwerden:*

- *Gerätst du vielleicht immer wieder an dieselbe Sorte von Menschen, zum Beispiel weil du dir immer die falschen Partner aussuchst?*
- *Oder gerätst du immer wieder in dieselben Situationen, zum Beispiel, dass du ständig die Arbeit deiner Kolleginnen übernimmst?*
- *Wie startest du in deinen Morgen und wie beendest du deinen Tag?*
- *Wie reagierst du, wenn andere etwas von dir wollen, dich kritisieren oder dich loben?*
- *Was tust du, um dich zu entspannen oder von deinen Problemen abzulenken?*
- *Was geht dir durch den Kopf, wenn du vor einer Herausforderung stehst?*

*Prüfe deine Liste nun daraufhin, inwiefern dir deine Gewohnheiten nutzen oder schaden. Halte deine Erkenntnisse schriftlich fest. Es werden im Laufe des Buches sicherlich noch weitere hinzukommen.*

## WIEDERHOLUNGEN FORMEN DAS GEHIRN

Der menschliche Verstand ist ein fabelhaftes Werkzeug. Wir können ihn gezielt einsetzen, um Lösungen zu suchen und Probleme zu lösen. Doch bewusstes Denken erfordert Energie und die ist kostbar. Wann immer es kann, ist unser Gehirn daher bemüht, Energie zu sparen und mit dem geringsten Aufwand den größtmöglichen Nutzen zu erhalten. Hier kommen Gewohnheiten ins Spiel. Sie sind so etwas wie das Energiesparprogramm unserer Steuerzentrale. Je häufiger wir eine Handlung ausüben (und das kann auch eine bestimmte Art zu denken sein, zum Beispiel Ereignisse in der Umwelt auf uns selbst zu beziehen), desto einfacher wird die Handlung und desto weniger Energie kostet sie. Wenn sie schließlich automatisch erfolgt, haben wir es mit einer Gewohnheit zu tun. Du siehst ein paar Menschen mit ihren Fingern in deine Richtung deuten, und gehst nun automatisch davon aus, dass sie über dich reden. Ein anderer Gedanke kommt dir nicht mehr in den Sinn, weil das bewusste Denken (Zeigen die auf mich? Oder auf etwas hinter mir? Vielleicht geht es um die Statue, vor der ich stehe?) auf Sparflamme läuft und du dein Gehirn bereits in diese eine Richtung verändert hast.

Unser Gehirn ist überaus formbar und verändert sich genau in der Weise, wie du es wiederholt nutzt. Jedes Mal, wenn du ein Ereignis in der Außenwelt auf dich beziehst, formst du es so, dass diese Art zu denken noch natürlicher und automatischer für dich wird. Du verstärkst die bestehenden Verbindungen (deine Gewohnheit) also immer weiter, während andere Denkmöglichkeiten in den Hintergrund treten.

Hast du erstmal 5, 10, 20 oder 30 Jahre auf eine bestimmte Art und Weise gedacht, ist es schwer, eine andere Möglichkeit in Betracht zu ziehen. Es ist das Normalste der Welt, so zu denken, wie du es tust. Dass du eine Situation anders interpretieren könntest und dass deine Einschätzung der Lage nicht unbedingt die Realität wiedergibt, siehst du längst nicht mehr. Deine Denkgewohnheit hat dich jetzt vollständig im Griff.

Unsere Gewohnheiten können dazu beitragen, dass wir unabhängig von den äußeren Umständen und den Zielen, die wir im Leben erreichen, unglücklich sind und unglücklich bleiben. Wie aber kommen sie zustande? Warum hat sich Anne angewöhnt, alles auf sich zu beziehen? Wieso macht sich der eine ständige Sorgen, während der andere davon ausgeht, dass schon alles gut gehen wird?

# Wie du wurdest, wer du bist

Wenn du wissen möchtest, warum du so denkst, fühlst und handelst, wie du es tust, darfst du in deine Vergangenheit blicken. Denn ein Großteil dessen, was dich heute ausmacht, hast du zu irgendeinem Zeitpunkt genau so erlernt. Manches wurde dir vorgelebt, anderes hast du selbst hervorgebracht, weil es sich in der Vergangenheit bewährt hat und mit wieder anderem bist du bereits auf die Welt gekommen.

# DER EINFLUSS DER PERSÖNLICHKEIT

*Je nachdem mit welcher Veranlagung du auf die Welt gekommen bist, begegnest du den Herausforderungen des Lebens von vornherein etwas anders, als es deine Freundinnen, Kollegen oder Bekannten tun.*

Die Persönlichkeit eines Menschen wird in der Psychologie anhand von fünf zentralen Wesenszügen, den »Big Five«, definiert. Dazu gehören:

- Aufgeschlossenheit: Bist du offen für neue Erfahrungen oder neigst du eher zu konservativem, konventionellem Verhalten und Denken?
- Gewissenhaftigkeit: Bist du ordnungsliebend und strukturiert oder eher spontan und ungenau?
- Geselligkeit: Wie gesellig oder zurückhaltend bist du?
- Rücksichtnahme: Bist du einfühlsam und kooperationsbereit oder eher misstrauisch und wettbewerbsorientiert?
- Emotionale Verletzlichkeit: Wie emotional ausgeglichen oder unausgeglichen bist du?

Jeden Wesenszug kannst du dir auf einer Skala vorstellen, auf der du dich an einem ganz individuellen Punkt und in einer ganz individuellen Zusammensetzung verortest. Deswegen ist deine Persönlichkeit einzigartig. Niemand auf der Welt ist genauso wie du. Manche Menschen sind geselliger, andere zurückhaltender. Schon bei kleinen Kindern können diese Unterschiede ausgemacht werden.

Allerdings ist die Veranlagung kein in Stein gemeißeltes Gesetz. Vielmehr entwickelt sich die Persönlichkeit in einem komplexen Zusammenspiel von Genen und Umwelt. Wenn du von Natur aus geselliger bist (Erbgut), gehst du auch lieber unter Menschen (Umwelt) und kannst dir dort weitere soziale Fähigkeiten aneignen. Wohingegen jemand, der von Natur aus introvertiert ist (Erbgut), lieber zu Hause bleibt (Umwelt) und dadurch seine Zurückgezogenheit weiter verstärkt.

Mit den Unterschieden in der Persönlichkeit können daher auch verschiedene Lebenserfahrungen einhergehen. Diese haben wiederum einen Einfluss auf unser Wohlbefinden. Gesellige Menschen sind Studien zufolge glücklicher als zurückhaltendere Personen, da sie in der Regel mehr Freunde haben, häufiger ausgehen und somit auch mehr Positives erleben können. Emotional verletzlichere Menschen hingegen sind in der Regel weniger glücklich als ausgeglichene, was daran liegt, dass sie anfälliger für Zweifel, Ängste und eine Reihe weiterer negativer Emotionen sind.

Wenn du zu den empfindlicheren Menschen gehörst, spürst du häufiger negative Emotionen als manch anderer. Das ist dem glücklichen Leben nicht unbedingt dienlich. Es ist aber auch kein absoluter Hinderungsgrund. Denn wie sensibel du auf negative Emotionen reagierst, sagt nichts darüber aus, wie häufig und wie intensiv du positive Gefühle verspürst.

Daneben ist unsere Persönlichkeit auch in einem gewissen Rahmen veränderungsfähig und kann wie ein Muskel trainiert werden. Wenn sich die Empfänglichkeit für negative Emotionen auch nicht ganz abstellen lässt, so kannst du doch lernen, dich nicht in belastenden Gedanken zu verlieren (siehe »Entwickle eine positive Haltung«, ab Seite 97). Sinnvoll ist auch, dir ein Ventil für negative Gefühle zu suchen (zum Beispiel Sport oder ein kreatives Hobby), mit anderen über deine Nöte zu sprechen sowie das Tempo in deinem Leben herunterzufahren.

*Solltest du sehr unter deiner Empfindlichkeit leiden, zögere nicht, professionelle Hilfe in Anspruch zu nehmen. Gerade die emotionale Stabilität kann durch eine Psychotherapie positiv beeinflusst werden.*

*<u>ÜBUNG:</u>* ***Selbstcheck: Wie dick- oder dünnhäutig bist du?***

*Je mehr der folgenden Aussagen auf dich zutreffen, umso emotional empfindlicher bist du.*

- *Ich grüble viel über mein Leben nach.*
- *Ich fühle mich oft angespannt und nervös.*
- *Ich mache mir oft unnütze Sorgen.*
- *Ich werde oft von meinen Gefühlen überwältigt.*
- *Ich bin oft ohne Grund traurig.*
- *Ich fühle mich schnell gestresst.*
- *Ich bin mir in meinen Entscheidungen oft unsicher.*
- *Ich bin oft gereizt.*
- *Ich gerate schnell in Panik.*

# WIE UNS ANDERE MENSCHEN PRÄGEN

*Wenn wir darüber nachdenken, inwiefern wir durch die Vergangenheit geprägt wurden, blicken wir oft auf die einschneidenden Ereignisse.*

Und natürlich: Wenn du den Tod eines nahestehenden Menschen verarbeiten musstest, dann prägt dich das anders als das Nachbarskind, das diese Erfahrung nicht machen musste. Wenn du mit einem depressiven Elternteil aufwächst, prägt dich das anders als deine Schulfreundin, deren Eltern gesund sind. Wenn du als Kind einen schweren Unfall hattest und/oder operiert werden musstest, prägt dich das anders als deinen Bruder, der nie einen OP von innen gesehen hat. Dein Bruder wiederum hat die Erfahrung gemacht, dass seine Schwester im Krankenhaus war und das wiederum prägt ihn anders als seinen Kumpel, der vielleicht sowieso Einzelkind ist.

Doch wir müssen gar nicht auf diese herausstechenden Lebensereignisse blicken. Allein der Umstand, wie deine Bezugspersonen dich erzogen haben, was sie zu dir gesagt haben, welche Eigenschaften sie an dir gefördert und welche sie bestraft haben und welches Beispiel sie dir vorgelebt haben, hat aus dir einen anderen Menschen – mit anderen Gewohnheiten – gemacht als aus allen anderen.

## DER EINFLUSS DER ERZIEHUNG

Gerade in den ersten sechs Jahren unseres Lebens werden wir besonders stark geprägt, weil sich in dieser Zeit die Hirnstruktur herausbildet. Die Erfahrungen aus dieser Zeit spuren sich tief in unser Gehirn ein. Die Psychologin und Bestseller-Autorin Stefanie Stahl sagt dazu: »Wie Mama und Papa mit uns umgehen, ist wie eine Art Blaupause für alle Beziehungen unseres Lebens.«

*Doch es sind nicht nur die Beziehungen, die von den Erfahrungen mit unseren Eltern geprägt werden. Es ist auch die Art, wie wir denken, wie wir mit Gefühlen umgehen, ob wir ein stabiles Selbstwertgefühl entwickeln oder Urvertrauen bilden, mit welchen Überzeugungen wir durchs Leben gehen, was wir tun und vor welchen Situationen wir zurückschrecken.*

Wer als Kind die Erfahrung machen durfte, dass er oder sie angenommen, respektiert und geschätzt wurde, kann ein stabiles Selbstwertgefühl entwickeln. Der weiß auch als Erwachsener: Ich bin liebenswert und wertvoll – und zwar unabhängig von meiner Leistung und meinen Erfolgen. Ein stabiles Selbstwertgefühl ist ein Grundpfeiler für ein glückliches und gesundes Leben. Denn den Wert, den wir uns selbst zuschreiben, strahlen wir auch in die Welt aus. »Unser Selbstbild entscheidet weitgehend über unseren Erfolg«, so die Psychologin Carol Dweck. Je mehr wir an uns glauben, desto besser sind unsere Leistungen und desto größer unser Lebenserfolg.

Anne hat diese Erfahrung als Kind leider nicht machen dürfen. Stattdessen hat sich in ihr die Überzeugung gebildet, nicht so gut wie andere zu sein. Hätte sie als Kind andere Erfahrungen gemacht, hätte sie sich anders entwickelt.

Gleiches gilt für Maria, die ständig vom Schlimmsten ausgeht. »Das war schon als Kind bei mir so. Wenn meine Freunde bei der WM mit der deutschen Nationalmannschaft mitfieberten, rechnete ich ihnen nie Chancen aus. Und mit meinem ersten Freund fiel es mir schwer, unsere Zukunft zu planen, weil ich dachte, dass die Beziehung eh bald kaputtgehen würde.«

Im weiteren Austausch wird Maria klar, dass sich ihre Mutter, als sie ein Kind war, ganz genau so verhalten hatte. Sie berichtete, wie diese immer gesagt hätte, wie hart das Leben wäre, wie dumm oder unfähig andere seien, wie schrecklich die Arbeit und dass sie nicht viel von der Zukunft erwarten könne. Die negative Einstellung der Mutter färbte ab.

Auch wenn Maria nie so werden wollte wie ihre Mutter, merkte sie, dass sie unbewusst schon längst so geworden war.

## GEFANGEN IN DEN GLEICHEN MUSTERN

Menschen lernen einen Großteil durch Beobachtung. Wir sehen, wie unsere Eltern mit sich selbst, miteinander und mit anderen umgehen und tun es ihnen nach. Wenn in deinem Elternhaus viel gejammert wurde, stehen die Chancen gut, dass du diese Gewohnheit übernommen hast. Wenn es bei euch üblich war, nicht über Gefühle zu reden, hast du vielleicht nie einen Zugang zu deinen Emotionen entwickeln können und schluckst auch heute noch jegliche Anbahnungen von Wut oder Trauer sofort herunter.

Vieles von dem, was uns heute ausmacht, lässt sich über die Erfahrungen erklären, die wir als Kinder gemacht haben

»Ich beschäftige mich nicht mit dem, was getan worden ist. Mich interessiert, was getan werden muss.«

MARIE CURIE
(ZWEIFACHE NOBELPREISTRÄGERIN)

und über das Umfeld, indem wir aufgewachsen sind. Wir werden durch unsere Bezugspersonen geprägt – im Guten, wie im Schlechten. Wenn dein Vater ein ängstlicher Mensch war, dann ist es gut möglich, dass du zumindest einige seiner Ängste übernommen hast. Vielleicht hast du in der Kindheit auch häufig gehört: »Pass auf!«, »Geh nicht zu weit weg!«, »Das ist gefährlich!«, »Du wirst dich verletzen«.

All diese Warnungen gehen nicht spurlos an dir vorbei. Im Gegenteil: Sie brennen sich ein und begleiten dich fortan durchs Leben. Sie führen dazu, dass es dir heute vermutlich wesentlich schwerer als anderen fällt, den Moment zu genießen, weil du überall Gefahren witterst und dich nur schlecht entspannen kannst. Vielleicht hast du auch von deiner Mutter oder deinem Vater das Muster übernommen, dich ständig für andere aufzuopfern. Dann setzt du dich noch heute gewohnheitsmäßig an letzte Stelle und tust dir schwer damit, deine Bedürfnisse zu berücksichtigen.

Es ist verständlich, dass Maria und auch Anne vor ihrem jeweiligen Hintergrund sich genauso entwickelt haben, wie sie es getan haben. Jetzt und hier ist es aber ihre Aufgabe – ist es unser aller Aufgabe – die Muster zu erkennen, in denen sie und in denen wir gefangen sind. Denn solange wir der Gegenwart mit den Gewohnheiten unserer Vergangenheit begegnen, werden wir immer mehr vom Gleichen erschaffen. Dieselben Gedanken (»es ist meine Schuld«), lösen die immer gleichen Gefühle aus (Trauer, Scham, Schuld), weshalb wir uns immer auf die gleiche Weise verhalten, zum Beispiel uns entschuldigen, auch wenn wir im Recht sind oder Beleidigungen eines Gegenübers hinnehmen. Wie willst du dir aber ein neues Leben erschaffen, wenn dein Denken, Fühlen und Handeln, wenn deine Wahrnehmung der Wirklichkeit immer die alte bleibt?

ÜBUNG: ***Erkenne deine Muster***

*Nimm dir Zeit, um in Ruhe darüber nachzudenken, welche Denk- oder Verhaltensmuster du von deinen Eltern oder Erziehern übernommen hast. Die folgenden Fragen helfen dabei:*

- *Was hast du ständig von deinem engsten Umfeld gesagt oder eingeredet bekommen?*
- *Gab es bei euch vielleicht bestimmte Redewendungen, die du unbewusst übernommen hast, wie: »Das Leben ist kein Ponyhof« oder »Ein Indianer kennt keinen Schmerz«?*
- *Mit welchen Einstellungen sind deine Eltern durchs Leben gegangen? Erkennst du ähnliche Sichtweisen bei dir?*
- *Was haben sie von dir erwartet? Zu was haben sie dich immer wieder aufgefordert? Sind diese Regeln noch gültig?*
- *Welche Werte wurden in deinem Elternhaus großgeschrieben? Sind das Werte, nach denen du noch heute lebst?*
- *Inwiefern verhältst du dich heute ähnlich wie deine Eltern?*

*Prüfe deine Liste nun daraufhin, ob dir diese Gewohnheiten eher schaden als nutzen? Welche tragen zu deinem Unglück bei und/oder verhindern, dass du das Leben deiner Träume führen kannst? Ergänze deine Liste der schädlichen Gewohnheiten um diese neuen Erkenntnisse. Damit hast du einen guten Leitfaden in der Hand, um sie Schritt für Schritt zu verändern.*

# RAUS AUS ALTEN MUSTERN

*Nur weil es vertraut ist, bedeutet das nicht, dass es richtig ist. Wir haben die Möglichkeit, Situationen anders wahrzunehmen und anders zu reagieren.*

Wir können uns hier und heute entscheiden, die Vergangenheit hinter uns zu lassen und eine neue Geschichte zu schreiben. Wir müssen nicht länger der kleine Musterjunge sein, der sich für die Anerkennung des Vaters verbiegt, und auch nicht das hilflose Mädchen, das sich aus Angst vor der Zurückweisung ihrer Mitschüler immer mehr in ihr eigenes Schneckenhaus verkriecht.

*»Alte Schlüssel öffnen keine neuen Türen!«*
UNBEKANNT

Vieles von dem, was du für einen unveränderlichen Teil von dir hältst, hatte ursprünglich eine andere Quelle. Vielleicht hast du in deiner Kindheit immer wieder gehört, dass du die Zähne zusammenbeißen sollst und Indianer keinen Schmerz kennen. Vielleicht wurdest du dafür kritisiert, wenn du Gefühle gezeigt hast und man hat dich wiederholt aufgefordert, bloß nicht so »rumzuheulen«.

Anfangs nimmst du die Botschaft noch mit ihrem korrekten Ursprung wahr: »Papa will, dass ich mich zusammenreiße.« Also tust du es – so gut du das eben kannst, schließlich willst du verhindern, bestraft zu werden. Irgendwann hast du die Botschaft jedoch so verinnerlicht, dass dein Vater gar nichts mehr sagen muss. Du nimmst ihm seine Worte vorweg, denn sobald du merkst, dass sich Tränen anbahnen, hörst du eine Stimme in deinem Kopf sagen: »Jetzt reiß dich gefälligst zusammen!«. Es ist deine Stimme, die zu dir spricht. Schließlich willst du dich selbst schützen. Du möchtest dich davor bewahren, ausgeschimpft – oder noch schlimmer – bestraft zu werden und so hältst du dich dazu an, dich »korrekt« zu verhalten, noch bevor du einen Fehler begehst.

Was wir oft genug hören, brennt sich ein. »Internalisieren«, sagen Psychologinnen dazu. Wir verinnerlichen die Botschaft und übernehmen sie in unser Selbstbild. Fortan gehört es zu uns, dass wir uns zusammenreißen, Haltung bewahren und bloß keine Schwäche zeigen. Wenn ich dich heute fragen würde, warum du dir nicht erlaubst zu weinen, würdest du wahrscheinlich antworten: »So bin ich halt. Das war schon immer so.« Dabei war es der Wunsch eines anderen, den du schließlich zu deinem eigenen gemacht hast. Jetzt ist dein Vater womöglich schon lange tot, doch du denkst noch immer: »Jetzt reiß dich zusammen«, obwohl dir innerlich und äußerlich zum Weinen zumute ist.

## SINNVOLLES KANN SCHÄDLICH WERDEN

Du denkst, wie du denkst, du fühlst, wie du fühlst und du tust, was du tust, weil du es so und nicht anders gelernt hast. Was auch immer du heute für Gewohnheiten mit dir herumträgst, die dich in den Wahnsinn treiben, die dich krank oder unglücklich machen oder die dir sonst bei der Erreichung deiner Ziele im Wege stehen: Es gab eine Zeit in deinem Leben, in der dieses Verhalten sinnvoll war. Sonst hättest du es nicht gelernt. Und das gilt für alle Gewohnheiten – selbst die, einen schweren Tag mit einer Tafel Schokolade abzuschließen.

Unser Gehirn prüft permanent, ob eine Aktion den gewünschten Effekt erzielt oder nicht, also ob sie uns zum Beispiel die Zuneigung unserer Eltern verschafft oder zur Entspannung führt. Wenn ja, prägen wir uns das Verhalten ein und wiederholen es. Wenn nein, wird die Aktion sofort wieder eingestellt.

Unser Gehirn lernt also durch Versuch und Irrtum. Es probiert so lange verschiedene Verhaltensweisen aus, bis es zu einer geeigneten Lösung kommt. Dann stellt es zum Beispiel fest, dass dich ein Spaziergang entspannt oder ein Gespräch mit deiner Freundin nach einem Streit mit deinem Partner entlastend wirkt. Sobald das Gehirn die Belohnung entdeckt, speichert es sie als wirkungsvoll im Umgang mit dieser Situation ab. Solltest du einige Zeit später wieder mit deinem Freund streiten, weiß dein Gehirn genau, was zu tun ist. Es veranlasst dich sofort danach deine Freundin anzurufen.

Irgendwann erfolgt also die Entscheidung, die einst bewusst getroffen wurde, automatisch. Du rufst nun gewohnheitsmäßig deine Freundin an, wenn es mal wieder zum Konflikt kommt oder greifst zur Tafel Schokolade, wenn du gestresst bist. Für dein Gehirn ist das eine große Entlastung, denn jetzt muss es die Situation nicht mehr aufwendig analysieren. Dementsprechend nimmt die neurologische Aktivität ab, sobald sich eine Gewohnheit gebildet hat.

Es gab also eine Zeit, in der jede deiner Gewohnheiten (zumindest im Hinblick auf ein bestimmtes Ziel) sinnvoll war. Gewohnheiten sind im Grunde nichts anderes, als verinnerlichte Lösungen für Probleme, die wir in der Vergangenheit hatten. Eigentlich ist das eine schlaue Sache. Nur leider schert sich unser Hirn nicht um die langfristigen Konsequenzen. Es unterscheidet nicht zwischen positiven und negativen Gewohnheiten. Für das Gehirn ist so gesehen jede Gewohnheit positiv, weil es durch sie Energie sparen kann. Für unser Leben kann aber auch eine Routine, die im jetzigen Moment positiv ist, weil sie uns zum Beispiel beim Entspannen hilft – langfristig negativ wirken. Videospiele helfen zwar wunderbar, sich von Problemen abzulenken, aber sie tragen auch nicht dazu bei, diese irgendwann in den Griff zu bekommen. Und wer jede Belastung mit Schokolade kompensiert, schlägt sich bald mit Übergewicht und gesundheitlichen Problemen herum.

## WIR LERNEN, WAS NOTWENDIG IST

Alles, was du heutzutage gewohnheitsmäßig denkst und tust, war zu irgendeinem Zeitpunkt oder im Hinblick auf ein bestimmtes Ziel sinnvoll. Sonst hättest du es nicht gelernt. Wenn es dir heutzutage schwerfällt Gefühle zu zeigen, vertrauensvolle Beziehungen einzugehen oder verantwortlich mit deinen Ressourcen umzugehen, liegt das nicht daran, dass du unfähig bist oder einen »schwachen« Charakter hast. Du hast es einfach so gelernt. Deine Entwicklung zu dem Menschen, der du heute bist, war folgerichtig und sinnvoll und an dir ist absolut nichts verkehrt. Hätte eine andere genau die Erfahrungen gemacht, die du in deinem Leben gemacht hast und wäre den Einflüssen ausgesetzt gewesen, denen du ausgesetzt warst, hätte sie sich vermutlich ganz genauso entwickelt – von kleinen Unterschieden in den Erbanlagen mal abgesehen. Du bist demnach genauso richtig und fähig wie die Menschen um dich herum. Tatsächlich hast du unter den Umständen, in denen du dich befunden hast, optimal funktioniert. Denn du hast gelernt, was notwendig war.

Doch Lebenswirklichkeiten ändern sich. Du bist heute nicht mehr das kleine Kind, das auf die Zuwendung anderer angewiesen ist. Du verfolgst heute vermutlich andere Ziele als damals und möchtest etwas Neues vom Leben. Dich zurückzunehmen und im Hintergrund zu halten war sinnvoll, um deine cholerische Mutter nicht unnötig zu reizen. Aber inwiefern trägt diese Strategie jetzt dazu bei, dass du deine Ziele erreichst oder für deine Bedürfnisse einstehst? Was uns gestern geschützt hat, kann uns heute einschränken und was im Moment sinnvoll ist, kann langfristig fatal sein. Deswegen sollten wir unsere Gewohnheiten von Zeit zu Zeit einer genauen Überprüfung unterziehen.

*»Wer werden will, was er sein sollte,*
*der muss lassen, was er jetzt ist.«*
MEISTER ECKHART
(DEUTSCHER PHILOSOPH)

Sosehr wir als Kinder auch abhängig waren, als Erwachsene haben wir das Steuer selbst in der Hand. Heutzutage können wir eigene Überzeugungen bilden und unsere eigenen Regeln aufstellen. Tun wir das nicht, lassen wir unsere Vergangenheit immer weiter über unsere Zukunft bestimmen.

# Fahrplan in ein neues Leben

Die Erfahrungen, die du gemacht hast, gehören zu dir. Sie lassen sich nicht ausradieren. Doch hier und heute hast du die Möglichkeit, neue Erfahrungen zu machen und so für eine veränderte Zukunft zu sorgen. Dazu gilt es jedoch, mit den Gewohnheiten zu brechen, die dich so lange ausgemacht haben. Ob und wie das möglich ist, darum werden wir uns jetzt kümmern.

# MENSCHEN ÄNDERN SICH NICHT, ODER DOCH?

*Wenn Gewohnheiten unser Leben prägen, inwiefern haben wir die Möglichkeit sie zu verändern und Einfluss auf unsere Zukunft zu nehmen?*

Drei Monate, nachdem ich mit meinem ersten festen Freund zusammenkam, hegte ich den Gedanken an Trennung. Ich war unglücklich, weil er sich in meinen Augen zu wenig um mich kümmerte. Als ich meiner Schwester mein Leid klagte, riet sie mir, ihn in den Wind zu schießen. »Menschen ändern sich nicht!« so ihre Worte. Wenn er jetzt nicht gut zu mir wäre, würde sich daran auch nie etwas ändern. Doch daran wollte ich nicht glauben. Ich blieb mit ihm zusammen und nach einer umfangreichen Aussprache veränderte er sein Verhalten. Sieben Jahre blieben wir ein Paar. Die Worte meiner Schwester konnte ich seither jedoch nie wieder vergessen. Und was soll ich sagen, ich habe in den vergangenen Jahren zahlreiche Beweise für, aber auch gegen ihre Aussage gefunden.

Was also stimmt denn nun? Können sich Menschen ändern oder sind wir dazu verdammt die immer Gleichen zu sein?

Wir sind Gewohnheitstiere. Jeder, der schon einmal versucht hat geduldiger zu werden, mehr Sport zu machen oder mit dem Rauchen aufzuhören, weiß, wie schwer es ist, gegen jahrelang eingeübte Abläufe anzukommen. Ohne dass wir es wollen, ja, oft sogar ohne dass wir uns dessen bewusst sind, landen wir bei dem gewohnten Verhalten.

Doch wenn wir uns anschauen, wie Gewohnheiten entstehen, wird auch klar, dass Veränderung möglich ist. Gewohnheiten können ja nur entstehen, weil unser Gehirn so überaus formbar ist. Neuronale Plastizität nennt man die Fähigkeit des Gehirns, sich je nach Nutzung stetig zu verändern. Wenn du nur oft genug Geige übst, vergrößert sich dein Kleinhirn (das für körperliche Abläufe wie das Streichen mit dem Geigenbogen wichtig ist). Wenn du nur oft genug durch die Stadt fährst, wächst die Gehirnregion, die für das räumliche Gedächtnis zuständig ist und du kennst dich bald überall aus. Und wenn du oft genug Matheaufgaben löst, vergrößert sich deine graue Substanz (die bei Rechenvorgängen eine zentrale Rolle spielt).

Das Gehirn lässt sich also permanent verändern, wenn wir etwas nur oft genug wiederholen.

## NEUE WEGE ANLEGEN

Auf diese Weise haben auch unsere Gewohnheiten unser Gehirn geformt. Diese bilden sich, indem wir immer auf dieselbe Art und Weise denken oder handeln. Je häufiger wir das tun, desto stärker werden die entsprechenden neuronalen Verbindungen in unserer Steuerzentrale im Kopf und desto tiefer prägt sich das Verhalten ein, bis es schließlich vollkommen automatisch und unbewusst erfolgt.

So sinnvoll dieses automatische Programm auch ist, es wird zu unserem erbittertsten Feind, wenn wir etwas Neues erlernen möchten. Nehmen wir an, du denkst eher negativ. Ohne dass du dir dessen bewusst bist, gehst du automatisch stets vom Schlimmsten aus. Du hörst, dass es nur noch wenige Tickets für ein Konzert gibt, zu dem du eigentlich gehen wolltest? »Die Karten sind bestimmt eh schon weg.« Ein Kollege fragt, ob ihr euch auf einen Kaffee treffen wollt. »Der will bestimmt etwas von mir, sonst wäre er nicht so freundlich.« Wenn du lange genug auf diese Art gedacht hast, hat sich dein Gehirn entsprechend verändert. Die Nervenverbindungen, die für das negative Denken verantwortlich sind, wurden zu großen Autobahnen ausgebaut. Sicheren Autobahnen. Bequemen Autobahnen. Autobahnen, die spielend leicht zu befahren sind, so dass dein Gehirn seine Energie für andere Dinge aufsparen kann.

Jetzt kommst du daher und willst positiver denken. Damit zwingst du dein Gehirn, Energie aufzuwenden und die bequeme Autobahn links liegen zu lassen. Stattdessen soll es sich bewusst für einen neuen Gedanken entscheiden. Wann immer wir eine alte Gewohnheit durch ein neues Verhalten ersetzen wollen, müssen wir ab jetzt die Autobahnauffahrt links liegen lassen und stattdessen einem kaum sichtbaren Trampelpfad folgen. Äste und Ranken versperren hier vielleicht unsere Sicht und ein ums andere Mal versinken wir im schlammigen Untergrund. Es ist anstrengend den ungewohnten Weg zu nehmen. Doch je häufiger wir uns für diesen entscheiden, desto tiefer wird die Spur und desto einfacher können wir uns auf ihr bewegen. Denn Nervenverbindungen, die wir nutzen, werden ausgebaut. Je häufiger du die bewusste Entscheidung fällst, positiver zu denken und den neuen Weg zu gehen, umso mehr stärkst du die neue Verbindung. Der anfangs kleine Trampelpfad wird mit jeder Nutzung zu einer bequemeren Straße.

Die alte Autobahn des negativen Denkens wuchert hingegen mit jedem Mal mehr zu, wenn du sie nicht befährst. Eine Spur nach der anderen wird abgebaut und bald schon kommen Schlaglöcher hinzu und das Unkraut fängt an, aus den Ritzen zu sprießen. Denn Nervenverbindungen, die wir nicht nutzen, verkümmern. Irgendwann kommt also der Punkt, an dem es einfacher ist, der Spur des positiven Denkens zu folgen. Ist das der Fall, wurde eine neue Gewohnheit eingerichtet.

*»Gewohnheiten kann man nicht einfach aus dem Fenster werfen, man muss sie Schritt für Schritt die Treppe hinuntergeleiten.«*

MARK TWAIN
(AUTOR VON »*TOM SAWYER UND HUCKLEBERRY FINN*«)

## NEUE ERFAHRUNGEN MÜSSEN HER

Unser Gehirn formt sich ständig durch die Art und Weise, wie wir es nutzen und durch die Erfahrungen, die wir machen, positive wie negative.

Nina ist 19 Jahre und hat bereits zwei längere Aufenthalte in der Psychiatrie hinter sich. Als Kind wurde sie von ihrem Vater sexuell missbraucht. Mit neun Jahren hat sie sich das erste Mal selbst verletzt. Mit 13 hat sie angefangen ihr Essen zu erbrechen. Mit 15 hat sie versucht Suizid zu begehen. Mit 17 dann der zweite lange Aufenthalt in der Psychiatrie. Die Liste der Diagnosen ist lang: posttraumatische Belastungsstörung, schwere Depression, Angststörung, Essstörung.

Wie in Ninas Fall führt das eine oft zum anderen, vor allem wenn Traumata unbehandelt bleiben, vielleicht sogar unerwähnt, und im Stillen vor sich hin brodeln. Vielleicht hast auch du die eine oder andere Erfahrung gemacht, auf die du lieber verzichtet hättest. Vielleicht ist auch die Liste deiner Baustellen lang und tiefgreifender als »endlich mehr Sport machen und die Schüchternheit überwinden«. Jetzt fragst du dich zu Recht, ob auch bei dir Veränderung möglich ist. Wenn die Schrecken der Vergangenheit so furchtbar waren und die Folgeprobleme, die sie verursacht haben, so zahlreich sind, lässt sich das Leben dann trotzdem noch zum Besseren wenden?

Studien zeigen, dass Menschen, die schon früh Traumatisierendes erlebt haben, zum Beispiel Vernachlässigung oder Missbrauch, im späteren Leben eher für psychische Störungen, wie Depressionen, Angststörungen, Essstörungen, Schlafstörungen oder posttraumatische Belastungsstörungen anfällig sind. Dennoch scheinen diese Folgeprobleme erfolgreich behandelt werden zu können. Die meisten Experten sind sich daher auch einig, dass psychische Erkrankungen insgesamt gut behandelbar und oft auch heilbar sind.

*Gerade die Tatsache, dass sich unser Gehirn in einem stetigen Umbauprozess befindet, je nach seinen Erfahrungen, ist Anlass zur Hoffnung.*

So geht der Psychotherapieforscher Klaus Grawe davon aus, dass, wenn schlechte Lebenserfahrungen das Gehirn in Richtung einer psychischen Krankheit verändern, gute Erfahrungen es auch wieder heilen lassen können.

Denn Erfahrungen verändern das Gehirn. Das ist spätestens seit dem Erfolg von Konfrontationstherapien in der Behandlung von Angststörungen bekannt. Konfrontation bedeutet sich in die angstbesetzte Situation zu begeben (zum Beispiel auf einen hohen Turm zu steigen oder ins Flugzeug) und sich seiner Angst so lange und so häufig zu stellen, bis sie erträglicher wird. Bei einer Konfrontation wird das eigene Gehirn also gezwungen, eine neue Erfahrung zu machen, nämlich, dass die Situation ausgehalten und unbeschadet überstanden werden kann. Die ursprünglich angstbesetzte Verknüpfung im Gehirn wird dabei durch eine angstfreie überschrieben: Das Gehirn verändert sich und damit verschwindet die Angst.

»Als ich 20 Jahre alt war, bat ich meinen Bruder um Hilfe. Ich war drogenabhängig, über acht Jahre haben Drogen mein Leben bestimmt. Im Jahre 2011 durfte ich clean werden und bleiben, seit über zehn Jahren trinke ich keinen Alkohol und nehme keinerlei Substanzen mehr zu mir. Beinahe täglich mache ich folgende Dinge, welche mich in meiner Genesung unterstützen: Selbsthilfe, Meditation, Autogenes Training, Bücher/Hörbücher (Psyche unterstützen), Psychotherapie, Dankbarkeitsliste u. v. m.

Mein Leben wird immer schöner und ich hätte diese Dinge, welche heute zu meinem Alltag gehören, vor elf Jahren niemals für möglich gehalten. Derzeit bin ich in den Vorbereitungen, einen akademischen Abschluss zu erlangen, als Erste in meiner Familie.«

*Eileen (Glücksdetektiv-Leserin)*

Die Probleme, die uns heute zeichnen, müssen uns nicht in die Zukunft begleiten. Veränderung ist möglich. Und zwar zu jedem Zeitpunkt, denn das Gehirn bleibt bis ins hohe Alter hinein formbar. Alles, was wir brauchen, sind neue, gute Erfahrungen, um die Schrecken der Vergangenheit in den Hintergrund treten zu lassen. Und diese entstehen, indem wir uns von nun an so häufig wie möglich anders verhalten.

# VERÄNDERUNG LEICHT GEMACHT

*Veränderungen scheitern nicht, weil sie unmöglich sind, sondern weil wir vorzeitig aufgeben. Wer dranbleiben will, sollte es sich daher so einfach wie möglich machen.*

Wir können zu anderen Gedanken, Gefühlen und Verhaltensweisen gelangen. In der Theorie ist das jedenfalls möglich. In der Praxis … auch. Doch wir kennen auch genug Gegenbeispiele: eben Menschen, die auch nach 20 Jahren besseren Wissens ihre Finanzen nicht im Griff haben. Solche, die nach wie vor glücksspielsüchtig sind. Wir kennen Menschen, die sich schon ewig mehr Zeit für die Familie nehmen wollen, und dann doch zwölf Stunden täglich im Büro sind. Die Erfahrung lehrt: Wer im letzten Jahr zu wenig Zeit für sich selbst hatte, zu ungesund gegessen und sich zu wenig bewegt hat, wird es auch in diesem und wohl im nächsten Jahr so tun.

## WARUM VERÄNDERUNGEN SCHEITERN

In den allermeisten Fällen scheitern wir nicht an unseren Zielen. Wir geben nur auf, bevor die Veränderung wirksam wird. Und das liegt daran, dass wir wieder und wieder denselben Fehlern auf den Leim gehen:

### FEHLER #1: ZU VIELE PROJEKTE AUF EINMAL

Wer unzufrieden ist, will eine Veränderung. Und da wir selten nur mit einer Sache unzufrieden sind, schnüren wir schnell ein Paket an guten Vorsätzen. Doch zu viele Änderungen auf einmal überfordern uns. Deswegen sollten wir uns den Baustellen in unserem Leben einer nach der anderen zuwenden.

### FEHLER #2: ZU GROSSE ZIELE

Wir neigen dazu, Vorhaben zu groß anzusetzen. Dann verlangt ein Meditationsanfänger von sich, von nun an täglich 20 Minuten zu meditieren. Doch je schwerer eine Aufgabe ist, umso mehr Motivation benötigen wir. Dummerweise schwankt diese jedoch von Monat zu Monat, von Tag zu Tag und sogar von Stunde zu Stunde. Und auch unsere Willenskraft ist erschöpflich. Je häufiger wir sie einsetzen, desto »müder« werden wir. Nach einem langen und anstrengenden Tag bei der Arbeit, wenn die Kinder endlich im Bett sind, haben daher die wenigsten mehr die Kraft, Vorsätze einzuhalten oder Versuchungen zu widerstehen. Der Weg zu nachhaltiger Veränderung führt somit nur über leicht umzusetzende Schritte.

### FEHLER #3: FEHLENDE AUSLÖSER

Damit ein Verhalten ausgelöst wird, bedarf es immer eines sogenannten Triggers (Auslöser). Du kannst noch so motiviert sein, zu meditieren, wenn du dich nicht an dein Vorhaben erinnerst, wirst du es schlichtweg vergessen. Nachweislich bewährt hat sich, bestehende Routinen als Auslöser für neues Verhalten zu nehmen. Zum Beispiel, indem du sagst: »Nachdem ich meine Jacke an der Garderobe aufgehängt habe (alt), denke ich an drei Dinge, für die ich dankbar bin!« (neu).

## FEHLER #4: ZU UNDURCHSICHTIGE VORHABEN

Schwammig formulierte Ziele und undurchsichtige Vorhaben sind ein weiteres großes Problem, an dem zahlreiche Veränderungsbemühungen scheitern. Wir nehmen uns vor, liebevoller mit uns selbst umzugehen, positiver zu denken, weniger Ungesundes zu essen oder gesündere Grenzen zu setzen, doch übertragen wir diese Ziele nicht in konkrete Verhaltensweisen.

Was genau bedeutet es denn, fürsorglicher mit mir umzugehen? Was muss ich dafür tun und in welchen Situationen wird es kritisch? Wenn ich das allgemeine Verhalten (mehr Selbstfürsorge) nicht auf konkrete Verhaltensweisen runterbreche, wird es immer abstrakt und unüberschaubar und damit überfordernd bleiben.

## FEHLER #5: ZU STRENGER FOKUS AUF DAS ZIEL

Eigentlich wissen wir, dass es Zeit braucht, die Ernährung umzustellen, in eine Sportroutine zu kommen oder liebevoller mit sich selbst umzugehen. Aber wenn nach zwei Wochen kein sichtbarer Erfolg da ist, geben wir frustriert auf. Das liegt daran, dass wir uns häufig auf ein bestimmtes Ziel versteifen, statt den Prozess der Veränderung zum Ziel zu machen.

Doch wann immer wir uns einzig und allein auf ein Ziel konzentrieren, können wir uns erst dann erfolgreich und gut fühlen, wenn wir es erreicht haben (zum Beispiel, wenn die Waage im Badezimmer am Morgen eine ganz bestimmte Zahl anzeigt). Jedoch keinen Tag früher und mit keinem geringeren Ergebnis. Zu jeder anderen Zeit muss die Frustration, Ungeduld und Enttäuschung also zunehmen. Der steigende Unmut darüber, noch immer erfolglos zu sein, führt schließlich dazu, dass wir vorzeitig aufgeben.

Du musst nicht erst einen bestimmten Zustand erreichen, damit dein Leben besser wird. Es wird schon in dem Moment angenehmer, in welchem du den ersten Schritt unternimmst. Jedes Mal, wenn dir ein schädliches Muster bewusstwird, kannst du zufrieden sein, weil du einen Schritt vorangekommen bist. Und jedes Mal, wenn du positive Gewohnheiten trainierst, kannst du dich gut fühlen, weil du dein Wohlbefinden stärkst.

*»Es gibt mehr Leute, die kapitulieren,*
*als solche, die scheitern.«*

HENRY FORD
(US-AMERIKANISCHER AUTOMOBILPIONIER)

### FEHLER #6: KLAMMERN AM ALTEN SELBSTBILD

Um dich nachhaltig zu verändern, musst du eine neue Identität annehmen, nämlich die eines Menschen, für den das Verhalten, das du dir angewöhnen möchtest, natürlich ist. Tust du das nicht, wirst du immer die Person, die du jetzt bist, als Grundlage dafür nehmen, ob sich ein neues Verhalten gut und passend anfühlt. Aber natürlich wird sich alles, was bislang nicht zu deinem Repertoire gehörte, erst einmal komisch und fremd anfühlen.

*Willst du dich ändern, muss auch dein altes Selbstbild weichen. Denn deine frühere Identität bestimmt nicht, wer du sein kannst, sondern lediglich, wer du in der Vergangenheit warst.*

Schon bei der bloßen Vorstellung wird dein Unbewusstes eine Revolte anzetteln. Wir alle haben nämlich einen sehr starken Drang unserem Selbstbild zu entsprechen und verhalten uns so, dass es zu unseren Überzeugungen passt.

## ZU NEUEN UFERN AUFBRECHEN

Wir neigen dazu, kleinen Veränderungen keine Bedeutung beizumessen. Was nützt es schon täglich ein paar Minuten joggen zu gehen? Zur Fitnesskanone wird man dadurch nicht. Das ist zwar richtig, und dennoch können diese zwei bis drei Minuten der Startschuss in ein gesünderes und glücklicheres Leben darstellen. Was wir nämlich oftmals unterschätzen, ist der Effekt regelmäßiger Erfolgserlebnisse.

Haben wir uns erst einmal bewiesen, dass wir eine Sache erfolgreich durchziehen können (und sei es zwei Minuten täglich joggen zu gehen), steigt das Selbstvertrauen und die

»Nichts ändert sich,
bis man
sich selbst ändert.
Und plötzlich
ändert sich alles.«

UNBEKANNT

Motivation, auch andere Problemherde anzugehen. Es fühlt sich gut an, erfolgreich zu sein. Du wirst mehr davon wollen. Und so kann eine positive Gewohnheit zur nächsten führen. Ehe du dichs versiehst, verändern fünf bis zehn neue Gewohnheiten dann plötzlich dein Leben.

*Mikrogewohnheiten sind die kleinsten und einfachsten Schritte, die uns unserem Ziel näher bringen.*

Wenn es dein Ziel ist, ein gebildeter Mensch zu werden, könnte eine Mikrogewohnheit darin liegen, von nun an jeden Tag vor dem Schlafengehen eine Seite deines Buches – oder vielleicht sogar nur einen Absatz – zu lesen. Wenn es dein Ziel ist, achtsamer zu werden, könnte eine Mikrogewohnheit darin liegen, von nun an jeden Tag beim abendlichen Zähneputzen drei tiefe Atemzüge zu nehmen.

Die Einfachheit der Gewohnheit ist der Schlüssel zur erfolgreichen Veränderung. Sie sorgt dafür, dass wir uns selbst dann verändern können, wenn wir gestresst sind, uns überfordert fühlen oder so gut wie keinen Antrieb empfinden. Denn eine neue Gewohnheit darf nie wie eine Hürde wirken. Nur wenn du sie mit Leichtigkeit in dein Leben integrieren kannst, hast du die Chance, eine Denkweise oder ein Verhalten dauerhaft zu etablieren.

Um ein neues Verhalten so einfach wie möglich zu machen, kannst du es laut dem Verhaltensforscher Brian Jeffrey Fogg entweder zurückskalieren (also weniger davon tun, zum Beispiel zwei Liegestütze, statt 20) oder auf den Startschritt reduzieren, also den ersten Schritt des Verhaltensablaufs.

Nehmen wir an, du möchtest eine regelmäßige Meditationsroutine etablieren. Statt dir vorzunehmen, von nun an jeden Tag eine halbe Stunde zu meditieren, könntest du dir vornehmen, nur eine Minute zu meditieren (zurückskalieren) oder dich lediglich auf dein Meditationskissen zu setzen (Startschritt). Das ist alles, was du tun musst, um erfolgreich zu sein.

Die Anfangshürde ist so klein, dass es leichtfällt, dein Vorhaben regelmäßig auszuüben. Dadurch etablierst du eine Gewohnheit, die sich nach und nach steigern lässt. Oft wirst du wahrscheinlich auch von dir aus mehr tun, ganz nach dem Motto: »Wenn ich hier schon mal sitze, werfe ich auch gleich eine Meditation an.« Aber wenn das nicht der Fall ist, brauchst du dich auch nicht schlecht zu fühlen. Dein Ziel hast du allein mit dem Hinsetzen erreicht.

Wer kleinere Erwartungen an sich stellt, ist seltener von sich enttäuscht. Und das ist entscheidend, wenn du dich selbst und dein Leben verändern möchtest. Alles andere wird dich zum vorzeitigen Aufgeben bringen.

Außerdem wichtig: Belohne dich unmittelbar nach dem neuen Verhalten, indem du dir zum Beispiel auf die Schultern klopfst, dich lobst, umarmst oder eine Siegerpose einnimmst. Denn wenn wir uns gut fühlen, lernt das Gehirn, dass es sich lohnt, dieses Verhalten zu wiederholen. Positive Emotionen fördern daher die Bildung von Gewohnheiten.

## DEIN FAHRPLAN INS GLÜCK

Ein glückliches Leben ist das Nebenprodukt guter Gewohnheiten. Die logische Konsequenz der richtigen Einstellungen und Verhaltensweisen, die wir automatisch Tag für Tag praktizieren. Um diese Gewohnheiten werden wir uns auf den folgenden Seiten kümmern.

Im nächsten Kapitel wirst du einfache Wege kennenlernen, um dich im Alltag besser zu fühlen. Ich habe diese Gewohnheiten bewusst an den Anfang gesetzt, weil sie leicht umzusetzen sind und somit einen idealen Einstieg für deine Reise zu mehr Lebensglück darstellen. Darüber hinaus setzen Veränderungen, selbst, wenn sie winzig klein sind, einen minimalen Funken Energie voraus. Wir müssen die Kraft aufbringen, etwas anders zu machen als bisher und die Zuversicht, dass unsere Bemühungen sich auszahlen können.

Inmitten einer Krise, erschöpft und verzweifelt kann es jedoch selbst an diesen Voraussetzungen fehlen. Indem du zunächst für mehr positive Emotionen in deinem Alltag sorgst, kann diese Energie zurückkehren, so dass wir uns in den darauffolgenden Kapiteln deinen Gedanken, deiner inneren Haltung und der Beziehung zu dir selbst widmen können.

Für jeden Bereich werde ich dir Gewohnheiten vorschlagen, die dir helfen können, glücklicher und zufriedener zu werden. Bitte fühle dich nicht gezwungen, jede dieser Gewohnheiten umzusetzen. Pick dir viel eher heraus, was für dich und dein Leben sinnvoll ist, weil du etwa das entsprechende Verhalten eh schon als schädliche Gewohnheit entlarvt hast. Und dann gilt natürlich: Ein Projekt nach dem anderen. Starte mit dem, was am leichtesten umzusetzen ist, und nimm dann nach und nach weitere Gewohnheiten hinzu.

# Schritt für Schritt zu mehr Alltagsglück

Der einfachste Weg dich schnell besser zu fühlen ist der, für mehr positive Emotionen zu sorgen. Und zwar auch, wenn du gerade mit vielen anderen Problemen zu kämpfen hast. Sogar gerade dann. Denn positive Emotionen regen nicht nur deine Stimmung an, sie schenken dir neue Energie und helfen dir, die Herausforderungen deines Lebens anzugehen.

# WARUM POSITIVE EMOTIONEN WICHTIG SIND

*Wenn in deinem Leben gerade alles finster ist und Leid und Kummer überwiegen, gibt es kaum etwas Wichtigeres, als wieder für gute Gefühle zu sorgen.*

Nicht nur, weil du dich dann endlich mal wieder wohl fühlst – was allein schon Grund genug wäre.

Nein, positive Gefühle spielen auch eine entscheidende Rolle, damit wir uns von Krisen erholen können. Wie beim Reset-Knopf am Computer kann das Erleben von Freude oder Dankbarkeit körperliche Stressreaktionen, (wie einen beschleunigten Herzschlag oder erhöhten Blutdruck), wieder auf null stellen. Dadurch kann es dir schneller besser gehen.

Positive Gefühle erweitern zudem unser Wahrnehmungsvermögen, wodurch wir mehr Ideen und Handlungsmöglichkeiten erhalten. Genau das ist wichtig, wenn wir uns aus Krisen befreien und unsere Probleme lösen wollen.

Wer sich häufig gut fühlt, baut außerdem wertvolle Ressourcen auf: Tiefere und vertrauensvollere Beziehungen zu anderen, mehr Selbstakzeptanz, Achtsamkeit und Lebenssinn können die Konsequenzen sein.

## DAS GEHEIMNIS EINES ERFOLGREICHEN LEBENS

»Ein Geschäftsmann kam zum Meister und fragte ihn nach dem Geheimnis eines erfolgreichen Lebens. Da antwortete der Meister lächelnd: ›Mach jeden Tag einen Menschen glücklich!‹ Und schließlich fügte er hinzu: ›Auch wenn dieser Mensch du selbst bist.‹ – Wieder eine kleine Pause. Dann sprach der Weise: ›Vor allem dann, wenn dieser Mensch du selbst bist!‹«

*Unbekannt*

Möglichst häufig positive Gefühle zu erleben ist demnach weder Luxus noch Sünde. Es ist vielmehr die Voraussetzung dafür, ein glückliches, gesundes, erfolgreiches und erfülltes Leben zu führen. Oft fokussieren wir aber mehr auf negative Gefühle, die wir nicht spüren wollen und die Probleme, die

uns belasten. Wir glauben, wenn nur erst die Schulden weg sind oder der Trennungsschmerz überwunden ist, wäre alles gut. Doch nur, weil du weniger Leid und Schmerz in deinem Leben hast, empfindest du nicht automatisch mehr Freude und Sinn. Dafür müssen wir unabhängig sorgen.
Ich weiß aus eigener Erfahrung, wie schnell wir uns die eigene Freude versagen. Irgendetwas scheint immer wichtiger zu sein. Und dann ist da noch die Stimme im Kopf, die uns glauben machen möchte, dass wir nur zu faul wären, die Zeit lieber »sinnvoll« nutzen sollten oder die paar Minuten, die uns für Schönes zur Verfügung stehen eh nichts bringen würden. Nur, wenn wir uns die Freude versagen, wo soll sie herkommen?

Du solltest dich dringend um mehr positive Gefühle kümmern, wenn mehrere der folgenden Anzeichen auf dich zutreffen:

- Dein Leben kommt dir trostlos, grau und sinnlos vor.
- Du hast ein schlechtes Gewissen, wenn du etwas genießt.
- Du hast kaum Zeit für dich.
- Du hast keine Hobbys oder Interessen.
- Du hast das Gefühl, nur für andere zu funktionieren (zum Beispiel die Arbeit oder die Familie).

Um die Vorteile positiver Gefühle zu genießen, müssen diese nicht besonders intensiv sein. Wir müssen sie nur oft genug erleben. Statt einmal im Jahr einen grandiosen Urlaub zu machen, sorge dafür, dass es jeden Tag etwas Schönes zu erleben gibt. Denn vergiss nicht: Was du hier und heute denkst und tust, bestimmt, wie du dich fühlst. Ein schönes Leben setzt sich aus der Summe zahlreicher schöner Momente zusammen und glücklich ist, wer sich häufig glücklich fühlt.

# GENIESSE DIE KLEINEN MOMENTE

*Fragt man ganz normale Menschen danach, was sie glücklich macht, erzählen sie von den kleinen Momenten des Alltags, die ihnen Freude bereiten.*

Es ist der bewusste Genuss einer Tasse Kaffee, der den Unterschied zwischen einem schönen und einem weniger schönen Morgen machen kann. Doch wie oft nimmst du dir die Zeit, dein Frühstück ohne Ablenkung zu genießen?

Wir neigen dazu, mit unseren Gedanken überall zu sein, nur nicht bei dem, was gerade ist. Statt unser Frühstück zu genießen, gehen wir im Kopf die Einkaufsliste durch. Statt die Farben, Formen und Geräusche der Natur auf dem Weg zur Bushaltestelle einzufangen, denken wir an das Gespräch von letzter Woche zurück. Wir sind meisterhaft darin, vom Urlaub zu träumen, während wir mit unserer Familie bei Sonnenschein im Park spazieren.

Wenn wir nur einmal mit unseren Sinnen ganz in der Gegenwart wären, würden wir bemerken, dass es uns jetzt schon ziemlich gut gehen kann. Wer sich Zeit nimmt den Duft einer Blume wahrzunehmen ist zufriedener als der, der an ihr vorbeirauscht. Die Melodie eines Liedes kann nur den verzaubern, der ihr mit voller Aufmerksamkeit zuhört und das Aroma des

Tees wird sich bei dem stärker entfalten, der seine Sinne dafür öffnet. So kann eine Blume oder eine Tasse Tee zu einem glücklichen Moment im Mosaik deines Alltags werden.

*ÜBUNG:* ***Glücksgewohnheit #1: Genussinseln***

*Eine wunderbare Möglichkeit, um mehr positive Gefühle zu erleben und deinen Alltag angenehmer zu gestalten, besteht darin, kleine, achtsame Genussinseln in deinen Tag einzubauen. Leg dazu klipp und klar fest, wann du dir Zeit für was nimmst und genieße den Moment dann mit all deinen Sinnen. Hier ein paar Beispiele für Mikrogewohnheiten:*

- *Nach dem Anziehen setze ich mich für fünf Minuten auf den Balkon, um meinen Cappuccino zu genießen.*
- *Sobald ich morgens die Küche betrete, um mir Frühstück zu machen, mache ich ein Gute-Laune-Lied an (und tanze).*
- *Nachdem ich mein Mittagessen beendet habe, gehe ich für fünf Minuten raus und beobachte die Kinder im Park.*
- *Nachdem ich mein Kind abends schlafen gelegt habe, schenke ich mir eine Tasse Tee ein und genieße diesen unabgelenkt in meinem Lieblingssessel.*

Kleine Genussinseln lassen sich auch wunderbar zu Ritualen verbinden. Bestimmt hast du auch schon mal von den viel gerühmten Morgenroutinen gehört. Die Idee dahinter ist einfach: So, wie der Tag begonnen wird, geht er auch weiter. Wer schon in der Frühe alles schleifen lässt, denkt sich auch später am Tag: »Jetzt ist es sowieso egal«.

Wenn du einen entspannten Tag möchtest, solltest du also möglichst entspannt starten. Willst du dich glücklich fühlen, sorge schon am Morgen für positive Gefühle. Zu den klassischen Bestandteilen einer Morgenroutine gehört achtsames Essen oder Trinken, Meditation, Schreiben, Lesen oder Bewegen. Bevor du dich aber mit viel zu vielen Bestandteilen übernimmst, starte klein und halte deine Gewohnheit einfach und übersichtlich. Alles, was du dafür tun musst, ist, zwei Genussinseln miteinander zu verbinden. Zum Beispiel:

Mein Morgenritual:

- Nachdem ich aufgestanden bin, stelle ich mich ans geöffnete Fenster und nehme drei tiefe und bewusste Atemzüge.
- Nachdem ich das Fenster geschlossen habe, dehne ich mich für fünf Minuten und höre dabei meine Lieblingsmusik.

Diese Gewohnheitskopplung ließe sich theoretisch ewig fortführen. Im Sinne der Einfachheit möchte ich dich aber bitten mit einer Sache zu beginnen und dein Ritual bei Bedarf nach und nach auszuweiten.

## VIELE GLÜCKLICHE MOMENTE MACHEN EINEN GLÜCKLICHEN TAG

Kleine Dinge werden oft belächelt. »Was soll ein Lied schon an meinem Leben verändern? Meine finanziellen Probleme werden dadurch nicht kleiner und meine Sorgen nicht geringer.« Das stimmt. Und trotzdem können kleine Dinge einen großen Unterschied machen und eine nachhaltige Wirkung zeigen. Denk nur einmal daran, wie du dich fühlst, wenn der Himmel wolkenverhangen und grau ist und wie du dich fühlst, wenn die Sonne scheint? Eine klitzekleine Änderung und doch startet man ganz anders in den Tag.

Der Sonnenschein an sich ändert nichts an deinen finanziellen Problemen. Aber er ändert etwas an deiner Stimmung, an deinem Energielevel und an deiner Motivation. Und dadurch kann selbst so eine Kleinigkeit wie Sonnenschein eine Kettenreaktion an weiteren positiven Ereignissen nach sich ziehen. Weil du so mehr motiviert bist, gehst du dein Problem proaktiv an. Weil du mehr Energie hast, setzt du etwas in die Tat um, dass du vorher lange aufgeschoben hast. Weil deine Stimmung besser ist, lässt du dir auch von Schwierigkeiten nicht den Wind aus den Segeln nehmen. Dir geht es besser und dadurch begegnest du den Herausforderungen deines Tages gestärkt.

Bevor du also zum nächsten Abschnitt springst, weil die Stimme in deinem Kopf sagt: »Das bringt doch nichts«, frage dich einmal, für wie viele schöne Momente du aktuell in deinem Alltag sorgst? Falls es wenig bis keine sind: Positive Emotionen fallen nicht vom Himmel. Sie sind abhängig von unseren Handlungen. Probiere es einfach einmal aus. Starte mit einem Lied in den Tag, das dich fröhlich macht, und dann schau, ob es dir damit ein kleines bisschen besser geht. Nichts anderes hat Sofia gemacht, als sie einen angstbesetzten in einen wunderschönen Tag verwandelte. Sie hat lediglich für möglichst viele kleine positive Momente gesorgt.

Allein häufiger zu lächeln, kann deine Stimmung verbessern. Tatsächlich signalisiert die pure Bewegung des Mundes beim Lächeln dem Gehirn, dass wir glücklich sind, woraufhin dieses mit der Ausschüttung von Glückshormonen reagiert. Selbst, wenn dir nicht nach Lachen zumute ist, kannst du von dem Effekt profitieren. Sollte es sich jedoch zu aufgesetzt anfühlen, unterstütze den Vorgang, indem du an etwas denkst, was dich zum Lächeln bringt. Und dann prüfe wieder für dich selbst: Geht es dir besser, wenn du häufiger lächelst oder kannst du keinen Unterschied feststellen?

Auch wiederkehrende Alltagsmomente lassen sich wunderbar als Auslöser für ein kleines positives Innehalten nutzen. Hier ein paar Beispiele:

- Wenn ich bemerke, dass die Sonne scheint, schließe ich meine Augen und genieße das Gefühl auf der Haut für mindestens drei Atemzüge.
- Wenn ich an der roten Ampel stehe oder auf den Zug oder Bus warte, schwelge ich ausführlich in einer glücklichen Erinnerung.
- Wenn ich mich zum Essen hinsetze, genieße ich den ersten Bissen ganz bewusst.
- Wenn ich an einem Blumenladen vorbeilaufe, nehme ich mir die Zeit an einer Blume zu riechen.
- Wenn ich spazieren gehe oder Fahrrad fahre, suche ich bewusst nach etwas Schönem in meiner Umgebung
- Wenn ich meine Hände nach dem Toilettengang wasche, lächele ich für mindestens fünf Sekunden.

Wir können selbst viel dafür tun, uns häufiger gut als schlecht zu fühlen. Das Potenzial zum Glücklichsein ist da. Es ist in uns selbst angelegt und überall um uns herum zu finden. Wir müssen es nur wahrnehmen und auszukosten lernen.

*»Der große Reichtum unseres Lebens,*
*das sind die kleinen Sonnenstrahlen,*
*die jeden Tag auf unseren Weg fallen.«*

HANS CHRISTIAN ANDERSEN
(MÄRCHENERZÄHLER)

# BRING BEWEGUNG IN DEIN LEBEN

*Bewegung ist unentbehrlich für ein gesundes Leben. Doch nicht nur dein Körper, auch deine Stimmung und dein seelisches Gleichgewicht profitieren.*

Alexander ist 64 Jahre alt und steht kurz vor dem Eintritt ins Rentenalter. In den vergangenen Jahren wurde er schon mehrmals von depressiven Episoden heimgesucht. Inzwischen kann er mit seinem schwermütigen Begleiter recht gut leben. Er weiß, was zu tun ist, wenn ihn das bleierne Gefühl von Sinn- und Hoffnungslosigkeit wieder überkommt. »Dann raffe ich mich auf und gehe spazieren.« Außerdem achtet er darauf, regelmäßig zu essen, ausreichend zu schlafen und seine Tagesstruktur nicht ganz zu verlieren. »Aber die Spaziergänge …«, so sagt er, »die helfen am allermeisten.«

Mit dieser Einschätzung ist Alexander nicht allein. Als ich die Glücksdetektiv-Community in Vorbereitung auf dieses Buch Anfang 2021 gefragt habe, welche Gewohnheiten sie glücklich machen, wurden »Spaziergänge in der Natur« zusammen mit »Yoga« und anderen Sportarten am häufigsten genannt. Keine Frage: Bewegung ist gut für uns. Wie sehr jedoch nicht nur unser Körper, sondern auch unsere

Psyche von regelmäßiger Bewegung profitiert, wurde erst in den letzten Jahren zunehmend erforscht. Inzwischen sind viele Studien zu dem Ergebnis gekommen, dass Bewegung die Stimmung verbessert und wirksam gegen Depressionen sein kann. Bereits 14 Minuten auf dem Laufband reduzierten in einer Studie der Duke University die depressiven Symptome der Teilnehmenden um 82 Prozent. Nahezu alle fühlten sich nach dem Sport außerdem unternehmungslustiger und energiegeladener als zuvor. Ein beachtlicher Effekt, bedenkt man, dass sich Depressionen unter anderem durch Antriebslosigkeit auszeichnen.

Insbesondere regelmäßiges Ausdauertraining scheint depressive Symptome zu reduzieren und ist dabei ähnlich wirkungsvoll wie die Einnahme von Medikamenten oder eine psychotherapeutische Behandlung. Besser noch: Je mehr Sport die Teilnehmenden nach Abklingen der Depression machten, desto geringer war die Wahrscheinlichkeit, dass die depressiven Symptome zurückkehrten.

Körperliche Bewegung verbessert aber nicht nur deine Stimmung. Sie hilft auch, dich als wirksam wahrzunehmen. Du machst etwas, du wirst in etwas besser, du ziehst etwas durch. Das sind positive Rückmeldungen, die dein Selbstwertgefühl steigern und dich selbstsicherer auftreten lassen.

## BEWEGUNGSFREUDE NEU ENTDECKEN

Wenn du dich besser fühlen möchtest, ist es sinnvoll, dich regelmäßig zu bewegen. Such dazu eine Bewegungsform aus, die dir Spaß macht und auf die du im besten Fall schon im Vorfeld hinfieberst. Hier ein paar Anregungen:

### FAHRRADFAHREN

Mein Nachbar, der auf die 70 zugeht, schwingt sich seit mehreren Jahrzehnten täglich aufs Fahrrad. Fahrradfahren baut Stresshormone ab, der Kopf wird frei, Sorgen und Belastungen treten in den Hintergrund und durch die Ausschüttung von Glückshormonen hebt sich die Stimmung.

### YOGA

Die Bewegungsform hilft nachweislich beim Stressabbau und kann sogar einige Krankheiten lindern oder verhindern. Besonders positiv ist, dass beim Yoga Körperübungen, Atmung und Meditation zusammenwirken. Wer hierbei lernt, seinen Körper und seine Bedürfnisse wahrzunehmen, ohne zu urteilen, kann diese Einstellung auch in seinen Alltag übertragen.

### SPAZIERENGEHEN

Experten raten dazu, täglich 10000 Schritte zu gehen. Denn Spazierengehen hält nicht nur fit, es reduziert Stress, Rückenschmerzen sowie das Risiko für fast alle Zivilisationskrankheiten und hebt gleichzeitig die Stimmung. Gerade weil sich der größte Teil unseres Lebens oft in geschlossenen Räumen abspielt, schaffen Spaziergänge eine gute Abwechslung. Nebenbei wird dadurch auch die Kreativität angeregt, so kann man leichter aus festgefahrenen Denkmustern ausbrechen.

### TANZEN

Tanzen macht glücklich, hält Körper und Gehirn fit und stärkt nebenbei noch das Selbstvertrauen. Vor allem aber macht es Spaß sich zur Musik zu bewegen, egal, ob beim Ballett, mit Jazz-Dance, Salsa, Rock 'n' Roll oder Hip-Hop.

ÜBUNG: **Glücksgewohnheit #2: Regelmäßige Bewegung**

*Um Bewegung zur Gewohnheit zu machen, such dir etwas Schönes aus und starte so klein wie möglich. Sobald du damit vertraut geworden bist, kannst du dich nach und nach steigern (siehe Schritte 2 bis 4). Passe das Ritual an deinen Alltag an:*

- *Nach dem Zähneputzen rolle ich meine Matte aus (1) und mache einen Herabschauenden Hund (2) / und mache für 5 Minuten Yoga (3) / und mache für 15 Minuten Yoga (4) etc.*
- *Nachdem ich morgens mein erstes Glas Wasser getrunken habe, greife ich zum Hula-Hoop-Reifen und lasse ihn für 1 Minute kreisen (1) / und lasse ihn für 5 Minuten kreisen (2) / und lasse ihn für 10 Minuten kreisen (3) etc.*
- *Nachdem ich den Teller vom Abendessen abgewaschen habe, ziehe ich meine Schuhe an (1) und gehe bis zum Briefkasten und zurück (2) / gehe 5 Minuten spazieren (3) etc.*
- *Nachdem ich abends meine Tasche in den Flur gestellt habe, setze ich mich aufs Fahrrad (1) und fahre eine Runde um den Block (2) / fahre 10 Minuten mit dem Fahrrad (3) etc.*

*Belohne dich, sobald du den ersten Schritt deiner neuen Gewohnheit umgesetzt hast. Klopf dir auf die Schultern, umarme dich, lächle oder lobe dich. Je mehr du dich feierst, desto mehr möchte dein Gehirn diese Erfahrung wiederholen.*

Wir sind nicht dafür gemacht stundenlang rumzusitzen, sondern dazu, uns zu bewegen. Auch wenn du glaubst, dafür keine Energie zu haben, die Bewegung wird sie dir geben. Mach einfach den ersten Schritt.

# DEINE ZEIT – DEIN PROJEKT: ENTDECKE HOBBYS NEU

*Wir sehnen uns danach, Zeit zu haben, um unseren Interessen nachzugehen. Doch wenn wir uns diese Zeit nicht nehmen, wird sie nicht vom Himmel fallen.*

Kannst du dich noch an die »Meine-Freunde«-Eintragebücher erinnern, die man als Kind in der Schulklasse rumgereicht hat? Unter der Kategorie »Mein Hobby« hat jeder festgehalten, was er in seiner Freizeit gerne gemacht hat. Dort stand dann: lesen, reiten, malen, Gedichte schreiben oder Gitarre spielen. Wenn ich meine Freunde heute frage, was ihre Hobbys sind, ernte ich oft Schulterzucken. »Zählt Netflix schauen?«, heißt es dann, denn im Alltag ist das oft die Feierabendbeschäftigung. Wir arbeiten, versorgen die Kinder und kümmern uns um den Haushalt. Wenn alles erledigt ist, fallen wir erschöpft vor den Fernseher und schauen uns ein bis zwei Folgen *Downtown Abbey* oder *The Walking Dead* an. Für mehr fehlt sowohl die Zeit als auch die Energie.

So angenehm es auch sein kann, Serien anzugucken, es macht uns nicht so glücklich, wie es das Ausleben unserer

Interessen tun könnte. Da wir uns beim Fernsehen berieseln lassen, liefert es (im Gegensatz zu einem Hobby) kaum Möglichkeiten, sich weiterzuentwickeln, neue Kompetenzen anzueignen, Positives zu erleben oder Erfahrungen zu sammeln.

Falls du zu den Menschen gehörst, die jeden Abend mehrere Stunden vor dem Fernseher verbringen, lohnt es sich, diese Gewohnheit, zumindest an manchen Tagen, durch ein Hobby zu ersetzen. Bitte versteh das aber nicht als weiteren Pflichtpunkt auf deiner eh schon übervollen Agenda. Es geht vielmehr darum, dir Zeit für deine Interessen zu nehmen. Wenn du schon lange alle Harry-Potter-Bände lesen wolltest oder schon immer gerne gestrickt hast, aber es in den letzten Jahren aus den Augen verloren hast, dann möchte ich dir hiermit auffordern, deine Hobbys (wieder) auszuleben.

## KINDHEITSINTERESSEN BELEBEN

Du definierst dich nicht allein über deinen Job oder deine Familie. Du hast viele Facetten und Interessen. Kram sie wieder hervor und lebe sie. Ein guter Anhaltspunkt, um herauszufinden, was dir Spaß machen könnte ist das, was du früher gerne gemacht hast. Denn diese Interessen schlummern höchstwahrscheinlich noch immer in dir. Wenn du früher gerne gemalt hast, dann besorg dir mal wieder ein Ausmalbuch, ein Malen nach Zahlen oder decke dich mit Staffelei und Ölfarben ein. Hier ein paar Anregungen für dein altes, neues Hobby:

### SINGEN

Singen macht glücklich. Das ist heute nicht anders als früher. Dabei kommt es nicht darauf an, ob du den Ton triffst oder nicht. Es geht um das Gefühl, das Singen in dir auslöst. Vielleicht möchtest du sogar mal Gesangsunterricht nehmen oder dich einem Chor anschließen?

### MALEN

Als Kind habe ich gerne einfach so drauflosgemalt. Inseln, Blumenwiesen und – nennen wir es mal »abstrakte Kunst«. Ob ich nun einen Esel malen konnte oder nicht (ich kann es nicht!), hat mich nie davon abgehalten, es zu tun. Mehr noch: Psychologen haben herausgefunden, dass es unsere Kreativität anregt und entspannend wirkt. Dadurch, dass wir uns auf Farben und Formen konzentrieren, treten unsere Sorgen in den Hintergrund und unser Gehirn kann abschalten.

### HANDARBEIT

Stricken, Sticken, Häkeln und Nähen sind einfache Hobbys, denen wir so gut wie überall nachgehen können, sei es zu Hause, im Zug oder im Wartezimmer beim Arzt. Mit den Händen etwas zu erschaffen, macht Spaß und entspannt. Die selbstgestrickten Wollsocken meiner Großmutter trage ich übrigens noch heute – fast zehn Jahre nach ihrem Tod.

### FOTOGRAFIE

Mein Mann liebt es für mehrere Stunden allein mit seiner Kamera unterwegs zu sein. Früher hat es mich bei gemeinsamen Reisen genervt, überall anhalten zu müssen, damit er ein gutes Foto machen konnte. Aber inzwischen verstehe ich, welche Freude ihm das Lauern auf den perfekten Schnappschuss bringt. Und wer einmal beobachtet hat, mit welchem Feuer er über Blendeneinstellungen und Spezialfunktionen spricht, kann nicht anders, als ihn für seine Leidenschaft zu beneiden.

### LESEN

Als Kind bin ich zu Ferienbeginn immer als Erstes in die Stadtbücherei gestapft und habe mich mit Was-ist-Was, Pferdebüchern, Jugendkrimis und Comics eingedeckt. Einige meiner schönsten Kindheitserinnerungen handeln davon, wie ich über die Weihnachtsfeiertage 400-Seiten-Schmöker gelesen oder mich mit Lucky Luke vergnügt habe.

### BACKEN

Guckst du dir gerne Koch- oder Backshows im Fernsehen an? Es kann wunderbar entspannend sein und beim Abschalten helfen, am Feierabend noch Zimtschnecken zu backen oder ein neues Rezept für einen Rübli-Kuchen auszuprobieren.

### RÄTSEL LÖSEN

Wenn du Sherlock Holmes oder *Die drei ???* verschlungen hast, bist du vielleicht eher der Rätsel-Typ. Ob Kreuzworträtsel, Sudoku oder Logikspiele – Rätsel können dich für Stunden beschäftigen, machen Spaß und trainieren das Gehirn.

### GÄRTNERN

Seit ich einen kleinen Garten habe, will darin jeder etwas pflanzen. Gärtnern kann ohne Frage viel Freude bereiten und die Bewegung an der frischen Luft tut nebenbei auch Geist und Körper gut. Wenn du keinen eigenen Garten hast, kannst du dich auch auf Zimmerpflanzen konzentrieren, den Balkon dekorieren oder dir einen Schrebergarten mieten.

## EIN INSTRUMENT LERNEN

Du wolltest schon immer mal Schlagzeug lernen oder ein Lied auf der Gitarre spielen können? Ein Instrument zu lernen ist ein hervorragendes Hobby. Du kannst es dir im Selbststudium beibringen oder ein paar Stunden Musikunterricht nehmen. Belohnt wirst du nicht nur mit ganz viel Freude und schöner Musik. Auch dein Gehirn profitiert von der Lerneinheit.

*»Froh zu sein bedarf es wenig, und wer froh ist, ist ein König!«*
AUGUST MÜHLING
(DEUTSCHER KOMPONIST)

ÜBUNG: **Glücksgewohnheit #3: Ein Hobby ausüben**

*Auch ein Hobby kannst du zur Gewohnheit machen, wenn du es regelmäßig mit einem bestimmten Auslöser verbindest. Wie immer gilt: Starte einfach. Mehr kannst du immer machen. Aber wenn es beim ersten Schritt bleibt, ist das auch ein Gewinn. Belohne dich, wenn du es durchziehst und sei stolz auf dich. Die Aktivitäten, Zeiten und Trigger der nachfolgenden Vorschläge solltest du wieder an deine spezifische Situation anpassen:*

- *Nachdem ich Montagabend meinen Tee zubereitet habe, rolle ich die Puzzlematte aus (1) und puzzle für 1 Minute (2)/puzzle für 5 Minuten (3) etc.*
- *Nachdem ich Samstagnachmittag mein Kind beim Fußballtraining abgesetzt habe, fahre ich zu meinem Schrebergarten (1) und gieße die Tomaten (2)/befreie ein Beet vom Unkraut (3) etc.*

- *Nachdem ich mein Mittagessen im Pausenraum beendet habe, lese ich einen Absatz in meinem Buch (1)/lese ich eine Seite (2)/lese ich für 10 Minuten (3) etc.*
- *Nachdem ich das Kinderzimmer am Abend verlassen habe, hole ich meine Stricksachen heraus (1) und stricke für 1 Minute (2)/für 10 Minuten (3) etc.*
- *Nachdem ich die Waschmaschine angestellt habe, setze ich mich mit meinem Rätselheft auf die Couch (1) und rätsele für eine Minute (2)/löse ein Rätsel (3) etc.*

Wir können natürlich nicht immer glücklich sein, aber wir können versuchen aus jeder Lebenslage das Beste herauszuholen. Wenn ein noch so kleines Genussritual dir fünf Minuten Frieden schenkt in einer sonst schier unerträglichen Zeit, dann kann es nichts Wichtigeres geben, als davon ein, zwei, fünf oder zehn in deinen Tag einzubauen. Und stell dir einmal vor, du würdest ab jetzt jeden Morgen mit einem Cappuccino auf dem Balkon begrüßen, jeden Mittag 20 Minuten spazieren gehen, bei jedem Händewaschen in dich hineinlächeln und jeden Abend deine Lieblingslieder auf der Gitarre spielen – selbst, wenn sich nichts anderes im Leben ändern würde, selbst, wenn all deine Probleme die gleichen wären, würde dein Tag auf diese Weise nicht trotzdem schöner werden?

*Es ist vermutlich die einfachste Glücksregel, die es gibt, und dennoch wird sie so häufig vernachlässigt: Wenn du glücklich werden und dich besser fühlen möchtest, dann tu Dinge, die dich glücklich machen.*

# Entwickle eine positive Haltung

Unsere Gedanken sind eine verborgene Kraft, die 24 Stunden am Tag entweder für oder gegen uns arbeiten. Je nachdem mit welchen Einstellungen oder Denkgewohnheiten wir durch unseren Alltag gehen und worauf wir unsere Aufmerksamkeit richten, können wir uns ein glückliches oder ein weniger glückliches Leben erschaffen.

# GLÜCK IST EINE FRAGE DER DENKGEWOHNHEITEN

*Wann sind wir glücklich? Wissenschaftler haben darauf eine Antwort gefunden, die der von Laien in vielen Aspekten ähnelt.*

Entscheidend ist vor allem, dass wir uns häufiger gut als schlecht fühlen und alles in allem mit unserem Leben zufrieden sind. Kleine Glücksrituale, wie wir sie im vergangenen Kapitel besprochen haben, können dir helfen mit mehr Energie und einer besseren Stimmung durch den Tag zu gehen. Doch wenn deine Denkgewohnheiten gegen dich arbeiten, vermag keine Genussinsel dieser Welt das Ruder noch rumreißen. Denn deine Gedanken begleiten dich jeden Tag, den ganzen Tag. Je nachdem, wie du über die Ereignisse in deinem Leben denkst, erzeugst du positive oder negative Gefühle. Letzten Endes ist gar nicht so entscheidend, was dir im Leben widerfährt. Entscheidend ist vor allem, wie du gedanklich damit umgehst. Wie nimmst du die Situation wahr? Wie bewertest du sie? Welche automatischen Denkprozesse werden in Gang gesetzt? Ja, es fängt sogar schon damit an, worauf du im jeweiligen Moment deine Aufmerksamkeit richtest.

*»Unser Leben ist das, wozu unser Denken es macht.«*
MARC AUREL
(RÖMISCHER PHILOSOPHENKAISER)

Wenn du von deiner Partnerin verlassen wirst, wird dieser Tag vermutlich nicht als glücklichster deines Lebens in deine Memoiren einfließen. Doch ob dieser Vorfall zur »absoluten Katastrophe« oder zur »Chance für einen Neuanfang« wird, ist allein von deinen Gedanken und Bewertungen abhängig. Denn eine Trennung ist nur eine Trennung. Sie ist an sich weder gut noch schlecht.

Wir verleihen den Ereignissen im Leben eine Bedeutung, indem wir ihnen eine Bewertung aufdrücken. Deswegen kann ein und dasselbe Ereignis auch unterschiedliche Gefühle hervorrufen, je nachdem, wie du über die Situation denkst.

Selbst, wenn du auf kein Ereignis reagierst, kannst du deine Stimmung allein durch deine Gedanken steigern oder herunterziehen. Du musst nur daran denken, dass deinen Liebsten etwas Schreckliches zustoßen könnte, um dich elend zu fühlen. Du könntest aber auch an den nächsten Urlaub denken oder an dein Kind, wenn es sein Geburtstagsgeschenk auspackt und schon wird es dir deutlich besser gehen.

*Es sind unsere Gedanken, die uns entweder nach den Sternen greifen lassen oder dafür sorgen, dass wir in unserem Unglück verhaftet bleiben. Denn nur, wenn wir denken, dass etwas möglich ist, wagen wir den ersten Schritt.*

Was wir denken beeinflusst somit so gut wie jeden Aspekt unseres Lebens, zum Beispiel wie wir uns fühlen, wie wir mit

Herausforderungen umgehen, ob wir angesichts unerwarteter Rückschläge aufgeben oder weitermachen und wie wir der Welt und unseren Mitmenschen begegnen.

Sobald du dich gestärkt genug fühlst, um eine größere Veränderung anzugehen, möchte ich dir daher ans Herz legen, dich mit deiner inneren Haltung und deinen Denkgewohnheiten auseinanderzusetzen. Sie stellen den vermutlich wichtigsten Schlüssel dar, um dir eine glücklichere und erfülltere Zukunft zu schenken.

# ENTWICKLE DAS RICHTIGE MINDSET

*Wieso geben manche Menschen angesichts eines Rückschlags sofort auf, während andere dann erst zur Höchstform auflaufen?*

Wieso akzeptieren die einen negative Situationen, während sich die anderen Tag für Tag um Lösungen bemühen? Und wieso verurteilen sich manche dafür, etwas nicht zu können, während andere versuchen darin besser zu werden? Der Unterschied liegt in ihrer Einstellung begründet. Laut Carol Dweck gibt es zwei Möglichkeiten, auf dich und deine Fähigkeiten zu schauen: Du kannst davon ausgehen, dass Menschen grundsätzlich lern- und entwicklungsfähig sind (engl.: growth mindset). Oder aber du bist davon überzeugt, dass unsere Intelligenz und somit auch unsere Leistungsfähigkeit angeboren ist und wir nur wenig Einfluss auf sie nehmen können (engl.: fixed mindset). Der Unterschied mag bedeutungslos wirken, doch die Auswirkungen können weitreichend sein.

Denn wenn du glaubst, dass deine Fähigkeiten unveränderlich sind, wirst du jeden Fehler, den du machst, als Zeichen deiner Inkompetenz werten. Du wirst denken: »Ich kann das einfach nicht.« Und damit ist die Sache dann erledigt. Doch damit beraubst du dich jeder Entwicklung. Irgendwann hast du ein Set an fixen Überzeugungen über deine Fähigkeiten und dich selbst:

- Hast du als Jugendliche mal selbst versucht ein Regal aufbauen und es ist schief und krumm geworden? – »Alles klar, ich bin handwerklich unbegabt.«
- In deiner Abschlussprüfung hattest du einen Blackout? – »Unter Druck kann ich keine Leistung bringen«.
- Mit den Fehlermeldungen auf deinem Computer kannst du nichts anfangen? »Von Technik hab ich keine Ahnung«.

Das Regalaufbauen überlässt du in der Folge lieber anderen, was dazu führt, dass du keine besseren Erfahrungen mehr machen kannst. Dein Handlungsspielraum bleibt somit immer derselbe, weil du dir die Möglichkeit zu wachsen nimmst.

Wenn du hingegen davon überzeugt bist, dass du dich in jedem Bereich weiterentwickeln und verbessern kannst, würdest du Rückschläge als Lernmöglichkeiten sehen und für deine weitere Entwicklung nutzen. Ein einmaliges Scheitern betrachtest du dann nicht länger als vernichtendes Urteil deiner Fähigkeiten, sondern als kleinen Rückschlag, aus dem du etwas mitnehmen kannst.

Mehr noch: Wer glaubt, dass er gut sein muss, erzeugt ständigen Leistungsdruck. Davon konnte ich früher ein Lied singen. Insbesondere während meines Studiums und bei den ersten Pressekontakten als Glücksdetektivin spürte ich den ständigen Druck, alles können und wissen zu müssen. Ich lebte in der ständigen Angst, einen Fehler zu machen, weil ich glaubte, es würde bedeuten, dass ich nicht gut genug für das Psychologiestudium oder für meinen Beruf wäre. Meine Dozenten betrachtete ich als »Gegner«, vor denen ich mich beweisen müsste, nicht als Mentoren, die mir helfen zu wachsen.

Erst als ich feststellte, dass meine Interviewer oft genauso aufgeregt waren wie ich und dass eine Wissenslücke nicht meine Kompetenz in Frage stellte, verstand ich, dass wir alle hier sind, um zu lernen und zu wachsen.

Dieses dynamische Selbstbild ist die Voraussetzung, um mit Hilfe dieses Buches dein Leben zu verändern. Denn nur, wenn du die Haltung verinnerlichst, dass deine gegenwärtigen Fähigkeiten nicht dein Schicksal besiegeln, wirst du dich auf den Weg der Veränderung machen. Dein Gehirn ist ein Leben lang formbar und jede Zelle deines Körpers befindet sich in einem stetigen Umbauprozess. Wir Menschen sind dazu geschaffen, uns zu entwickeln und ein Leben lang lernfähig zu sein.

Nur, weil du mit 16 keinen Nagel in die Wand bekommen hast, heißt das nicht, dass es für den Rest deines Lebens so sein muss. Probiere es erneut. Studiere Anleitungen, lass dir den bestmöglichen Weg zeigen. So manch einer wächst in herausfordernden Zeiten über sich selbst hinaus, weil er etwas, von dem er geglaubt hat, es nicht zu können, lernen muss (zum Beispiel die Witwe, die sich nach dem Tod ihres Mannes plötzlich allein um die Geschäfte kümmern muss).

Talent ist kein Schicksal, sondern zu großen Teilen ausbaufähig. Niemand hat Ahnung von Aktien, bevor er sich nicht intensiv damit beschäftigt und kein Mensch kann reiten, der noch nie auf einem Pferd saß. Wir können aber all das lernen.

Wenn du anfängst ein dynamisches Selbstbild zu entwickeln, gibt es nichts mehr, wovor du Angst haben musst. Denn was du nicht kannst, wirst du lernen und was schiefgegangen ist, lässt sich ausbessern.

Wann immer du resignierst oder vor einer Aufgabe zurückschreckst, weil du denkst: »Das kann ich nicht«, erinnere dich daran, dass deine Fähigkeiten der Vergangenheit nicht deine zukünftigen Fähigkeiten bestimmen.

*Halte dich an die folgende Regel: »Wenn ich mich bei dem Gedanken oder der Aussage erwische: ›Ich kann das nicht!‹, verbessere ich mich mit den Worten: ›Ich kann das NOCH nicht. Aber ich kann es lernen!‹«*

Natürlich musst du nicht alles wissen und alles können, und wenn du keine Lust auf handwerkliche Arbeiten hast, kannst du es getrost bleiben lassen. Aber wenn dich ein vermeintliches Unvermögen davon abhält dich aus einer Situation, mit der du unzufrieden bist, zu befreien oder verhindert, dass du deine Ziele verwirklichst, dann erinnere dich daran, dass du es lernen wirst, wenn du dir nur die Möglichkeit dazu gibst.

»2015 fiel ich durch das Studium, mein Exfreund trennte sich und ich musste aus unserer gemeinsamen Wohnung ausziehen, weil ich sie allein nicht bezahlen konnte. Ich ging sechs Wochen in eine Klinik und lernte, wieder auf mich selbst zu achten und mein Leben neu aufzubauen.

Ich zog in eine kleine Wohnung in meinem Elternhaus, lernte, Unterstützung anzunehmen und achtete darauf, mit wem ich mich umgebe. Ich trieb regelmäßig Sport, um meine Ängste in den Griff zu bekommen. Und ich begann neu mit Meditation und Wandern, was mich mit Glück erfüllte … Ich nahm ein Studium auf, in dem ich aufblühte, bezahlte meine Schulden ab, lernte, mein Geld einzuteilen und zu sparen. Inzwischen habe ich einen Abschluss und ein tolles Berufsleben. Ich habe einen Partner, der mich seit fünf Jahren auf Händen trägt und der gerade um meine Hand angehalten hat.«

*Johanna (Glücksdetektiv-Leserin)*

Alles, was du zur Verwirklichung deiner Träume brauchst, musst du nicht bereits jetzt wissen und können. Du darfst es Schritt für Schritt lernen. In dir schlummert unendlich viel Potenzial, das nur darauf wartet, freigesetzt zu werden.

»Absolut alles ist möglich. Auch das Unmögliche«

MARY POPPINS
(ROMANFIGUR VON P. L. TRAVERS)

# STELLE DAS POSITIVE IN DEN VORDERGRUND

*Manchmal, wenn wir denken, dass unser Leben ein Reinfall ist, hat das weniger mit den objektiven Fakten zu tun als damit, dass wir einseitig das Schlechte sehen.*

Mich erreichen viele Nachrichten von Menschen, die mir sämtliche Krisen und Rückschläge ihres Lebens auflisten. Sicher, manche trifft das Schicksal schwerer als andere. Doch in den allermeisten Fällen sehen wir nur deshalb alles negativ, weil wir das Positive schlichtweg ausblenden.

In abgeschwächter Form kennen wir das Prinzip alle: Ein kleiner Fehler beim Vortrag und schon glauben wir, die Präsentation in den Sand gesetzt zu haben. Ein unfreundlicher Kunde am Telefon und schon ist der Tag gelaufen. Sagen wir etwas Falsches, hilft es auch nicht, dass wir vorher zehnmal richtiglagen. Wir fühlen uns, als hätten wir komplett versagt.

Doch so schlecht, wie uns alles vorkommt, sind die Dinge in der Regel gar nicht. Wir sind nur darauf geeicht, das Negative besonders intensiv wahrzunehmen. Evolutionär bedingt hat unser Gehirn eine negative Verzerrung entwickelt. Dieser negativity bias, wie er im Fachjargon heißt, führt dazu, dass wir unsere Aufmerksamkeit stärker auf Negatives, wie etwa mögliche Bedrohungen richten, während wir positive Informationen nur flüchtig wahrnehmen.

Er trägt auch dazu bei, dass wir uns bevorzugt an Negatives erinnern. Dem Neuropsychologen Rick Hanson zufolge gilt für negative Erfahrungen das Klett-Prinzip – sie bleiben im Gehirn haften. Für positive Erfahrungen gilt hingegen das Teflon-Prinzip – sie perlen ab. So kommt es, dass du den Streit mit deiner Freundin, den Vorwurf deiner Eltern und die Rüge deines Chefs intensiver erlebst und dich besser daran erinnerst als an ihre lobenden Worte – selbst, wenn diese häufiger vorkamen. Ein einziger negativer Kommentar deines Partners kann weit mehr zerstören, als drei positive Äußerungen verbessern.

## ALLES EINE FRAGE DES BLICKWINKELS

Die Grundeinstellung unseres Gehirns sorgt dafür, dass wir die Welt durch eine negative Brille sehen. Wenn wir unsere verzerrte Sicht auf das Leben ausgleichen wollen, dürfen wir bewusst stärker auf das Positive achten.

Es war ein milder Tag im Februar, als ich wieder einmal mit Anne spazieren ging. Ich blickte in den blauen Himmel rechts von uns und sagte: »Schau, wie schön. Ein wolkenloser, blauer Himmel.« Anne zeigte in den Himmel links von uns, wo in der Ferne Gewitterwolken zu erkennen waren und sagte: »Wir müssen uns beeilen, es wird bestimmt bald regnen.«

Die Dinge sind selten einseitig gut oder einseitig schlecht. Die Frage ist einzig und allein, worauf wir mehr achten und

was wir in den Vordergrund stellen: Den Sonnenschein oder die Gewitterwolken am Horizont?

*»Wende dein Gesicht der Sonne zu*
*und du lässt den Schatten hinter dir.«*
AFRIKANISCHES SPRICHWORT

Aber rede ich mir die Dinge dann nicht schön?, heißt es oft, wann immer ich erzähle, dass wir unsere Aufmerksamkeit gezielt auf das Gute lenken können. Dahinter steht der Glaube, dass es nur eine einzige Wahrheit geben kann. Aber so simpel ist es nicht. Denn in dieser Welt können mehrere Zustände gleichzeitig existieren, so dass es auch mehrere Wahrheiten, also mehrere Perspektiven, geben kann – abhängig davon, worauf wir unsere Aufmerksamkeit richten.

Wenn ich dich also bitte, doch auch an deine Erfolgserlebnisse zu denken, dann geht es nicht darum, einen Misserfolg wegzureden. Der hat nach wie vor stattgefunden. Er soll nur nicht deinen Blick dafür versperren, was du in deinem Leben gleichermaßen (oder weit häufiger) erreicht hast. Die Realität bilden wir am besten ab, wenn wir das ganze Bild, und damit die schlechten, wie die guten Dinge, betrachten.

Eine einfache Möglichkeit einen positiven Blickwinkel zu trainieren, liegt darin, positive Fragen zu stellen. Unser Gehirn funktioniert im Grunde wie eine Suchmaschine. Das heißt, es versucht jede Anfrage zu lösen, die wir ihm stellen. Stellen wir uns – vielleicht auch unbewusst – Fragen wie: »Warum geht's mir immer so schlecht?« oder »Warum läuft in meinem Leben alles schief?« geht unser Gehirn auf die Suche nach

Antworten. Heraus kommt eine Liste mit all unseren Misserfolgen und Fehltritten. Die schlimmsten Momente werden womöglich als Video gezeigt und es tauchen Zitate von allen negativen Bemerkungen auf, die uns schon an den Kopf geworfen wurden.

Stellen wir unserem Gehirn hingegen positive Fragen, wird auch die Antwortliste entsprechend ausfallen. Dieses Mal bekommen wir eine Liste mit all unseren Erfolgen und Leistungen. Jedes Kompliment und alle Menschen und Dinge, die uns etwas bedeuten, werden im Suchergebnis eingeblendet und in den Videos laufen die Highlights unseres Lebens.

- Wenn du das Gefühl hast, dass dein Tag ein einziger Reinfall war, frage dich: »Was war heute gut?«, um deinen Blick auf all das Gute zu lenken, das du übersehen hast.
- Wenn du dich über deine eigene Leistung ärgerst, frage dich: »Was habe ich schon alles erreicht?«, um auch hier wieder die Dinge in die Perspektive zu rücken.
- Wenn du deinen Partner nach einem Streit gedanklich verfluchst, frage dich: »Welche Eigenschaften meines Partners sind gut?« So führst du dir nicht nur wieder vor Augen, warum du mit ihm zusammen bist, sondern bereitest auch den Weg für eine Versöhnung vor, weil du wieder eine liebevollere Sicht auf ihn entwickelst.
- Wenn du mit Blick auf andere und was sie erreicht haben in Minderwertigkeitsgefühlen versinkst, frage dich: »Was ist an mir gut?«, um dein Selbstwertgefühl zu steigern.
- Wenn du schon lange in einer Krise feststeckst und keinen Ausweg mehr siehst, frage dich: »Was könnte gut daran sein?«, um zu einer anderen Bewertung zu gelangen.

*<u>ÜBUNG:</u>* ***Glücksgewohnheit #4: Positive Fragen stellen***

*»Wenn ich mich dabei erwische, nur das Negative zu sehen, stelle ich mir positive Fragen.« Du kannst die Gewohnheitsbildung unterstützen, indem du regelmäßige Zeitfenster für solche Fragen festlegst. Eine Übung aus der Positiven Psychologie, der positive Tagesrückblick, die zu mehr Lebenszufriedenheit führen kann, geht so: Du fragst dich jeden Abend vor dem Einschlafen, welche drei Dinge an deinem Tag gut waren und wie du dazu beigetragen hast.*

»Ein kleines Ritual, das meine besten Freundinnen und ich eingeführt haben, ist, dass wir immer, wenn wir glücklich sind ein Bild von uns in unsere WhatsApp-Gruppe schicken mit einer kleinen Notiz, was uns gerade glücklich macht. Durch diese ›Glücksbilder‹ teilen wir die Freude miteinander (die oft sehr ansteckend ist). Das hilft mir dabei, mich in meinem Alltag auf die positiven Dinge zu fokussieren und diese bewusster wahrzunehmen. Ich merke, wie mir dadurch Dinge, die mich glücklich machen, viel mehr auffallen.«

*Nadine (Glücksdetektiv-Leserin)*

Je häufiger du den Blick auf das Positive trainierst, desto schneller wirst du feststellen, dass dein Leben und auch du weit mehr zu bieten haben, als du bislang angenommen hast. Es gibt so gut wie immer etwas Positives zu entdecken und wer seinen Blick dafür öffnet, wird mit mehr Motivation, Wohlbefinden und Lebensfreude beschenkt.

*»Das Glück ist schon da. Es ist in uns.*
*Wir müssen uns nur daran erinnern.«*
SOKRATES
(GRÜNDERVATER DER PHILOSOPHIE)

»2013 ging es mir sehr schlecht. Meine Angststörung mit all ihren Symptomen fand ihren Höhepunkt. Ich konnte nicht mehr richtig sehen, hatte Kopfgeräusche, Schwindel beim Gehen, Herzstolpern und Panikattacken. Erst das Aufschreiben der schönsten Momente meines Tages, die echt schwer zu finden waren, als es mir so ging, brachte den Durchbruch. Die Beschwerden gingen zurück und viele verschwanden ganz. Ich bin so dankbar, dass es mir wieder gut geht und ich das Leben mit meiner Familie wieder in vollen Zügen genießen kann.«

*Dana (Glücksdetektiv-Leserin)*

# ÜBERWINDE IRRATIONALES DENKEN

*Gedanken formen unser Leben. Sie bestimmen unsere Emotionen, unsere Erfahrungen und unsere Reaktionen. Deswegen sollten wir sicherstellen, dass sie uns dienen.*

»Was ist denn so schlimm daran, negativ zu denken?«, fragt mich Denise. »Man muss doch nicht alles immer positiv sehen. Manche Dinge sind nun mal schlecht.« Absolut richtig. Und deswegen geht es auch überhaupt nicht darum, *immer* positiv zu denken. Es ist die übertriebene Negativität, die unser Wohlbefinden belastet. Die, die aufgrund von verzerrter Wahrnehmung und jeder Menge Denkfehler entsteht. Denn dann bleibt es nicht nur bei einem negativen Gedanken. Vielmehr setzt sich ein Teufelskreis in Gang, der in einer Abwärtsspirale aus Kummer und Fehlschlägen mündet. Denn negative Gedanken ziehen negative Gefühle nach sich.

Stell dir vor, jemand, den du gernhast, will nicht mit dir ausgehen. Im Kopf denkst du nun: »Sie interessiert sich nicht für mich.« Diese Erkenntnis macht dich traurig. So weit, so normal, denn es ist nur menschlich auf eine Enttäuschung mit Trauer zu reagieren. Was jetzt kommt, ist entscheidend. Denn jetzt setzen deine gewohnheitsmäßigen Denkstile ein. Sagst

du dir: »Schade, aber ich bin wohl einfach nicht ihr Typ«, wirst du die Zurückweisung relativ schnell abhaken können.
Anders ist es, wenn du gewohnheitsmäßig dazu neigst, alles viel zu persönlich zu nehmen. Dann wird dich die Abfuhr im Innersten treffen. Du glaubst dann, dass sie nur eine weitere Bestätigung dafür ist, dass du einen schlechten Charakter hast, unattraktiv bist und man nichts mit dir zu tun haben will.

Vielleicht neigst du auch dazu in Extreme zu verfallen. Dann bewertest du die Zurückweisung vielleicht als »absolute Katastrophe« und schmückst die freundliche Absage in deinem Kopf zu einer knallharten Abfuhr aus. Möglicherweise bist du auch jemand, der von einer Sache auf alles andere verallgemeinert. Dann heißt es in deinem Kopf jetzt, dass du niemals bei potenziellen Partnerinnen ankommen wirst oder dass alle Frauen eiskalte Herzensbrecherinnen sind.

Du kannst dir vielleicht vorstellen, was Gedanken wie diese für Gefühle nach sich ziehen. Du wirst dich elend fühlen, deine Zukunftschancen schlecht einschätzen und vielleicht sogar eine regelrechte Wut auf Frauen im Allgemeinen entwickeln.

*»Achte auf deine Gedanken!*
*Sie sind der Anfang deiner Taten.«*
CHINESISCHES SPRICHWORT

Es bleibt also nicht mehr bei der angemessenen Enttäuschung über eine gerade erfahrene Zurückweisung. Stattdessen setzt sich eine Abwärtsspirale aus Negativität in Gang, denn Gedanken und Gefühle synchronisieren sich. Weil du dich persönlich angegriffen fühlst, sucht dein Gehirn weiter nach Beweisen, die zu deiner Bewertung passen: Jetzt fällt dir ein, wie dich damals deine Freundin betrogen und dein Kumpel hinter deinem Rücken schlecht über dich geredet hat. Je mehr Zurückweisungserlebnisse du dir vor Augen führst, umso schlechter wirst du dich fühlen. Deine negativen Gefühle ziehen weitere negative Gedanken nach sich und so dreht sich der Teufelskreis weiter. Deine Gedanken und Gefühle schaukeln sich gegenseitig hoch und der Ausweg fällt zunehmend schwer. Denn in diesem Zustand ist es nicht einfach, einen Gedanken zu fassen oder ein Gefühl zu aktivieren, das nicht zur momentanen Befindlichkeit passt.

Und jetzt stell dir vor, du handelst aus dieser Befindlichkeit heraus. Welche Entscheidungen wirst du wohl treffen?

## GEDANKEN ERZEUGEN REALITÄT

Unsere Gedanken üben deshalb so eine große Macht auf uns aus, weil sie nicht nur Einfluss auf unsere Stimmung, sondern auch auf unser Verhalten nehmen. Was du auch tust und wie du dich auch verhältst – immer steht ein Gedanke dahinter. Doch diese Gedanken können mitunter vollkommen verirrt sein.

In dem Buch »Anleitung zum Unglücklichsein« des Psychologen Paul Watzlawick gibt es die Geschichte von dem Mann mit dem Hammer. Ein Mann möchte hier ein Bild aufhängen und braucht dazu ein Werkzeug, also beschließt er, sich einen Hammer vom Nachbarn auszuleihen. In dem Moment überfallen ihn aber Zweifel: Was, wenn der Nachbar ihm das Werkzeug nicht leihen möchte? Am Vortag war ihm schon aufgefallen, dass er ihn nur so flüchtig gegrüßt hat. Vielleicht hatte er es eilig, vielleicht hat er das aber nur vorgetäuscht und er kann ihn einfach nicht leiden. Dabei, so denkt der Mann weiter, hat er dem Nachbarn doch gar nichts getan. Er hingegen würde jederzeit seinen Hammer ausborgen. So denkt er sich in Rage und findet seinen Nachbarn schließlich ganz entsetzlich. Zuletzt rennt er hinüber, klingelt und schreit: »Behalten Sie Ihren Hammer, Sie Rüpel!«

Die Geschichte zeigt sehr eindrucksvoll, was passiert, wenn es uns nicht gelingt, die negative Abwärtsspirale zu unterbrechen. Dann handeln wir nämlich aus einem veränderten Zustand heraus. Dann sagen oder tun wir Dinge, die uns in der Situation nicht weiterbringen, sondern die durch unsere verirrten Gedanken genährt werden.

Haben dir fehlerhafte Denkgewohnheiten erst einmal weisgemacht, dass dich nie jemand lieben wird, wirst du das ehrliche Interesse der nächsten Person für einen schlechten Scherz halten und die schlechte Behandlung einer anderen über dich ergehen lassen. Du begegnest der Welt aus der Haltung eines Menschen heraus, der nicht daran glaubt, etwas Gutes zu bekommen und erzeugst so eine vertane Chance nach der anderen.

Wir konstruieren unsere Wirklichkeit selbst durch das, was wir gewohnheitsmäßig denken. Verzerrte Gedanken erzeugen unangemessene Gefühle, die der tatsächlichen Lage längst nicht mehr entsprechen. Aus dieser übertriebenen Angst, der Wut oder der Scham, den Selbstzweifeln oder der Trauer heraus handeln wir dann und erhalten entsprechend schlechte Ergebnisse. Insbesondere, wenn du immer wieder dieselben Erfahrungen in deinem Leben machst, zum Beispiel dass du bei ganz unterschiedlichen Menschen auf Zurückweisung stößt, gilt es, die Gedanken und Bewertungen zu prüfen, die am Ausgangspunkt dieser Kettenreaktion stehen.

Es gibt viele verschiedene irrationale Gedanken, die in mehrere Kategorien unterteilt werden können. Zu den häufigsten gehören:

### PERSONALISIEREN

Kannst du dich noch an Anne erinnern, die den Ruf des Mannes aus dem Haus, an dem wir vorbeiliefen, direkt auf sich bezog? Das ist ein typischer Fall von Personalisieren. Das heißt, man bezieht sämtliche Ereignisse auf sich selbst. Auch ganz klassisch: Man sieht zwei Menschen tuscheln und denkt sofort: »Die reden bestimmt über mich.« Wenn du gewohnheitsmäßig auf dieses Denkmuster zurückgreifst, dann ist das eine Denkverzerrung, die sich negativ auf dich und dein alltägliches Leben auswirkt. Die Welt dreht sich aber gar nicht nur um dich alleine und manche Dinge können dir deshalb auch getrost egal sein.

### KATASTROPHISIEREN

Du stolperst zu Hause über ein Spielzeug auf dem Boden und schon »versinkt die ganze Wohnung in Chaos und Dreck«? Dein Kind bringt eine schlechte Note nach Hause und schon glaubst du, sein Schulerfolg sei »ernsthaft bedroht?« Wenn du dazu neigst, aus jeder Mücke einen Elefanten zu machen, dann erzeugst du Probleme, wo keine sind. Dein Alltag könnte einfacher und unbeschwerter sein, wenn die eine schlechte Note einfach nur eine schlechte Note in einem Zeugnis mit vielen guten Noten bleibt.

### ÜBERGENERALISIEREN

Kennst du den Song »Männer sind Schweine« von der Band *Die Ärzte*? Das ist ein Fall von Übergeneralisierung. Denn natürlich sind von den über 3,5 Milliarden Männern auf der Welt nicht alle fiese Kerle, die dich nur ins Bett kriegen wollen. Aber genau diese Wirklichkeit konstruieren wir, wenn wir dazu neigen, von einer Sache auf alles zu schließen und voreilige Schlussfolgerungen zu ziehen. Dann wird aus einer negativen Erfahrung mit einem Handwerker, dass alle Handwerker einen über den Tisch ziehen und aus einem vollen Hausmüll, dass der Partner immer den Müll vergisst.

### GLOBALE NEGATIVE BEWERTUNGEN

Wer diesem Denkfehler unterliegt, bewertet statt einzelner Eigenschaften immer gleich die ganze Person als minderwertig und schlecht. Dann hast du nicht etwas Falsches gesagt, sondern bist »dumm«, ungeachtet all der Dinge, die du weißt. Ein Mensch kann jedoch auch klug und gebildet sein und sich dennoch in manchen Bereichen oder in Hinsicht auf ein bestimmtes Thema nicht auskennen. Es ist wichtig diese Unterscheidung zu machen, sonst wirst du dich grundlos schlecht fühlen und andere Menschen ständig negativer beurteilen, als sie eigentlich sind.

Welche dieser Denkgewohnheiten kommen dir vertraut vor? Vielleicht sogar alle vier? Fehlerhafte Gedanken sind nach Meinung vieler Expertinnen maßgeblich an Entstehung und Aufrechterhaltung von Depressionen und Ängsten beteiligt. Deshalb ist das Erkennen und Hinterfragen dieser Gedanken Grundlage der kognitiven Verhaltenstherapie.

> *ÜBUNG:* ***Glücksgewohnheit #5:***
> ***Fehlerhafte Gedanken stoppen***
>
> *Um unser Denken korrigieren zu können, müssen wir uns in allererster Linie darüber bewusstwerden, auf welche Gewohnheiten wir üblicherweise zurückgreifen. Frage dich dazu immer dann, wenn du dich gerade schlecht fühlst (weil du zum Beispiel traurig bist, dein Kind anschreist oder mit deinem Partner streitest), welcher Gedanke dir gerade durch den Kopf gegangen ist:*

- *Schritt 1: Wenn ich merke, dass ich mich schlecht fühle, überlege ich kurz, welcher Gedanke das unangenehme Gefühl ausgelöst hat.*
- *Schritt 2: Wenn ich merke, dass mein Denken irrational, übertrieben oder sonst wie schädlich ist, stoppe und korrigiere ich mich.*

*Sei stolz auf dich, umarme und lobe dich. Du machst das gut!*

Je häufiger du dir deiner Gedanken bewusstwirst, umso eher wirst du die dahinterliegenden Muster erkennen und zum Beispiel feststellen, dass du dazu neigst von einer Situation auf alle zu schließen. Wenn ich etwa auf mein Kind wütend werde, steht oft der Gedanke dahinter, dass es nie tut, was ich ihm sage. Sobald mir das klar wird, kann ich dem irrationalen Gedanken den Wind aus den Segeln nehmen. Denn schon allein das Vorkommen des Wörtchens »nie« signalisiert mir, dass ich hier übergeneralisiert habe. Natürlich macht mein Sohn sehr oft das, was ich sage. Sogar die allermeiste Zeit. Sobald mir das bewusstwird, löst sich auch meine Wut in Nichts auf.

*Achte auf Verallgemeinerungen in deiner Sprache. Wenn du die Worte »nie«, »immer« oder »alle« benutzt, kannst du dir ziemlich sicher sein, dass dein Denken irrational ist.*

Auf diese Weise solltest du dich auch stoppen und korrigieren, wenn du bemerkst, dass du etwas grundlos auf dich beziehst,

dich oder andere abwertest oder aus einer Mücke einen Elefanten machst. Allein dir bewusstzuwerden, dass du einem Denkfehler unterliegst, hilft Abstand von dem Gedanken zu gewinnen. Anschließend kannst du dich selbst korrigieren und damit auch immer beschwichtigen, indem du dir zum Beispiel sagst: »Vielleicht hat das gar nichts mit mir zu tun« oder »okay, es ist nur ein bisschen Spielzeug auf dem Boden«.

Irrationale Denkgewohnheiten können das Leben deutlich schwerer machen, als es sein müsste. Denn wenn wir durch den Tag gehen und uns ständig von allem und jedem angegriffen fühlen, haben wir auch wenig Gründe, uns gut zu fühlen oder zufrieden zu sein.

Wenn du es schaffst, diese Muster bei dir zu erkennen und rechtzeitig zu stoppen, wird sich ein Großteil deiner Probleme von allein erledigen. Dann wird auch der Weg frei, um dich besser zu fühlen und positiver durch deinen Tag zu gehen.

# SCHLUSS MIT LÄSTIGEN SORGEN

*Kaum etwas steht dem glücklichen Leben mehr im Weg als die ewigen Sorgenspiralen über potenzielle Katastrophen, die in der Zukunft eintreten könnten.*

Im Laufe des Lebens lernen wir, auf bestimmte Art und Weise zu denken. Denkgewohnheiten prägen sich ein, die wir automatisch anwenden. Zu den problematischsten von ihnen gehört das Sich-Sorgen-Machen.

So berichtet die 23-Jährige Laura, die gerade ihre erste Stelle als Lehrerin angetreten hat:
»Ich weiß mir nicht mehr zu helfen, bin innerlich extrem angespannt und fühle mich total gestresst von der großen Verantwortung als Klassenlehrerin für so viele junge Kinder.
Ich kann deswegen schon nicht mehr schlafen, nicht mehr essen und versuche nur irgendwie meinen Alltag zu bewältigen.« Obwohl sie den Anforderungen mehr als gerecht wird und von der Schulleitung eine sehr gute Bewertung erhielt, fühlt sie sich innerlich schrecklich: »Ich habe die ganze Zeit Angst etwas falsch zu machen und solche Panik, dass mich die Eltern vielleicht nicht ernstnehmen, weil ich noch so jung bin.«
Immer wieder gingen ihr folgende Gedanken durch den Kopf:

- Ich werde verrückt. Was, wenn ich meinen Beruf so nicht mehr ausüben kann oder mir gekündigt wird? Wovon soll ich dann leben?
- Was, wenn ich mich jetzt nur noch so fühle? Wird mein Partner mich noch lieben, wenn ich so bin?
- Habe ich Depressionen? Falls ja, werde ich irgendwann nicht mehr leben wollen?

Es ist nur menschlich, sich von Zeit zu Zeit Sorgen zu machen über das anstehende Vorstellungsgespräch, die Möglichkeit den Zug zu verpassen oder den Ausgang des Weihnachtsessens. Doch wenn das Sich-Sorgen-Machen zu einem automatischen Denkprozess wird, können die Konsequenzen gravierend sein. Denn wer sich ständig sorgt, erzeugt Ängste. Die Welt wird zum gefährlichen Ort, an dem wir ständig auf der Hut sein müssen. Weil wir gedanklich von einer Katastrophe zur nächsten springen und nie ein Problem zu Ende denken, kann außerdem der Eindruck entstehen, dass wir von zahlreichen schweren oder unlösbaren Problemen umzingelt sind. Dadurch fühlen wir uns zunehmend überfordert und hilflos.

Kein Wunder, dass unser Wohlbefinden und unsere Stimmungslage darunter enorm leiden können. Das ist umso trauriger, wenn wir uns bewusst machen, dass die allermeisten Sorgen nie eintreten werden und wir nichts davon haben, uns im Vorfeld mit diesen Gedanken zu belasten.

Wir tun gut daran, uns das gewohnheitsmäßige Sorgen-Machen abzugewöhnen. Die Kunst ist die, jedes Mal, wenn du dich dabei erwischst, anders als bisher zu reagieren.

> ÜBUNG: ***Glücksgewohnheit #6: Sorgenspiralen stoppen***
>
> *Als schnelle Hilfe im Umgang mit Sorgen- oder Grübelspiralen hat sich Ablenkung bewährt.*
> *»Wenn ich merke, dass ich mir Sorgen mache/grüble, schlage ich eine Zeitschrift auf.../singe ich ein Lied... /gehe ich in den Garten, um mich abzulenken.«*

Ablenkung ist im Umgang mit Sorgen oder Grübelattacken ein geeignetes Sofortmittel. Das liegt daran, dass unser Gehirn immer nur eine Sache auf einmal machen kann. Wenn du also einen Artikel liest, kann es nicht mehr über anderes nachdenken. Etwas zu unterlassen ist außerdem schwieriger, als etwas zu tun. Wenn du dir keine Sorgen mehr machen möchtest, musst du 24 Stunden am Tag die Willenskraft aufbringen, dich nicht mehr in Sorgenspiralen zu verlieren. Nimmst du dir hingegen eine Alternative zum Sorgen-Machen vor, benötigst du nur für die eine Minute Willenskraft, die es dich kostet, vom Sorgen-Machen aufs Zeitunglesen umzustellen.

Zur Wurzel des Problems dringst du allerdings vor, wenn du verstehst, dass Gedanken keine Realität sind.

## BELASTENDE GEDANKEN AUFLÖSEN

Immer mal wieder träume ich davon, dass ich kurz vor meinen Abiturprüfungen stehe. Dann stelle ich verzweifelt fest, dass ich noch gar nicht gelernt habe. Ich ärgere mich, dass ich nicht früher angefangen habe und empfinde Angst. Doch dann wache ich auf und es gibt diesen großartigen Moment, in dem mir bewusstwird, dass es nur ein Traum war.

Was aber ist passiert? Die inneren Bilder gab es doch trotzdem und sie haben mich aufgewühlt. Ja, aber sobald ich realisiere, dass etwas ein Traum, also ein Gedankenspiel ist, wird mir klar, dass es sich nicht um die Realität handelt. Und genau diese Erkenntnis ist es, die zur Erleichterung führt.

Das kannst du nutzen. Denn Gedanken belasten uns nur so lange, wie wir sie für wirklich halten. Wir unterscheiden dann nicht zwischen uns und unseren Gedanken. So spüren wir das, was uns durch den Kopf geht, als würde es gerade passieren.

Wenn wir jedoch eine Distanz zwischen uns und unseren Gedanken herstellen, können wir beobachten, was in unseren Köpfen vor sich geht, ohne alles zu glauben, was uns vorgespielt wird. Gedanken, die uns gequält haben, verlieren so ihre emotionale Intensität. Das bedeutet, dass ich vielleicht gar nicht so dumm bin, wie es mir meine Gedanken einreden wollen und das Flugzeug überhaupt nicht abstürzen muss.

Noch etwas passiert, wenn wir anfangen Gedanken distanziert zu beobachten: Wir ermöglichen ihnen dadurch dauerhaft zu verschwinden: Normalerweise versuchen wir das, was wir nicht denken wollen, zu unterdrücken. Wir versuchen nicht daran zu denken, dass das Flugzeug abstürzen könnte. Dadurch lernt unser Gehirn allerdings, dass der Gedanke unglaublich wichtig ist, weil wir stets so intensiv auf ihn reagieren. Die Folge: Es wird den Gedanken noch häufiger ins Bewusstsein bringen. Betrachten wir ihn jedoch mit Distanz, reagieren wir nicht länger auf ihn. Wir registrieren den Gedanken, aber unternehmen nichts weiter. Wir lassen ihn einfach da sein. Dadurch lernt das Gehirn, dass der Gedanke nicht so wichtig für uns ist und präsentiert ihn in Zukunft seltener.

*Du bist nicht deine Gedanken. Das bedeutet, dass du jederzeit einen Schritt zurücktreten und zum Beobachter deiner Gedanken werden kannst.*

Es macht einen Unterschied, ob du sagst: »Ich bin dumm!« oder »Ich habe den Gedanken, dass ich dumm bin«. Im ersten Fall nimmst du den Gedanken als Realität an. Im zweiten Fall stellst du klar, dass es sich nur um eine Idee handelt. Die aber kannst du hinterfragen: »Ist es wirklich so, dass ich dumm bin oder ist diese Bewertung aufgrund von verzerrter Wahrnehmung und irrationalen Gedanken entstanden?«

***ÜBUNG:* Glücksgewohnheit #7: Gedanken benennen**

*Mach es dir zur Gewohnheit, emotional aufwühlende Gedanken als Gedanken zu benennen, um dadurch Distanz herzustellen: »Wenn mich ein Gedanke innerlich aufwühlt, benenne ich ihn klar als Gedanken ›Ich habe den Gedanken, dass …‹« Und denk dran: Positive Emotionen fördern die Gewohnheitsbildung. Belohne dich daher, unmittelbar nachdem du Distanz zu deinem Gedanken hergestellt hast.*

Wenn Laura denkt: »Bestimmt nehmen mich die Eltern nicht ernst, weil ich so jung bin«, sollte sie sich stoppen und die Idee als Gedanken benennen: »Ich habe den Gedanken, dass die Eltern mich nicht ernstnehmen«. Damit stellt sie keinen Fakt mehr in den Raum, sondern eine Möglichkeit, die sie abklären kann: »Gibt es aktuell irgendein Anzeichen dafür, dass die Eltern mich nicht ernstnehmen?« Oder aber sie lernt, den Gedanken als solchen weiterziehen zu lassen, weil er – wie ein Traum – eben nur eine Idee ist und keine Realität. (»Da geht geht dir ja mal wieder jede Menge durch den Kopf. Ich kümmere mich jetzt erstmal um die Korrekturen.«)

»Ich lebe schon fast mein ganzes Leben in Angst. Letztes Jahr war es dann so weit. Meine Gedanken verselbstständigten sich und ich hatte jegliche Kontrolle über mein Denken verloren. Wohin ich auch ging, ANGST. Ich quälte mich wochenlang. Bis ich keinen anderen Ausweg mehr sah. Ich war fest entschlossen, die Angst mit dem Tod zu besiegen. Alles war bereit, ich wollte nur noch weg. Keine Angst mehr haben, egal, wie. Eine Zwangseinweisung in eine Psychiatrie rettete mir das Leben. – Zu lernen wie unser Kopf funktioniert, wie wir denken. Zu verstehen, dass ich entscheiden darf, was ich denke und nicht mein Kopf. Das war der erste große Schritt zum neuen, glücklichen Leben. Inzwischen bin ich sicher, dass alles möglich ist.«

*Chris (Glücksdetektiv-Leser)*

## MEDITATION ZUR GEDANKENHYGIENE

Wenn du eine andere Realität erzeugen möchtest, spielen deine Gedanken eine entscheidende Rolle. Es gibt daher kaum eine bessere Investition als die in die Schulung deines Geistes. Eine regelmäßige Meditationsroutine ist dafür bestens geeignet. Denn sie fördert die Achtsamkeit und bringt deine Konzentration ins Hier und Jetzt. Man setzt sich dabei aufrecht, aber bequem an einen ruhigen Ort und konzentriert sich zum Beispiel auf den eigenen Atem. Wenn Gedanken aufkommen, sollen diese beobachtet werden. Man lässt sie jedoch nicht weiter an sich heran und bewertet nicht, was man denkt, fühlt und erlebt. Damit löst Meditation auf einen Schlag viele Probleme, die wir gerade besprochen haben:

Wenn du regelmäßig meditierst, lernst du Distanz zu deinen Gedanken herzustellen. Was du denkst, muss dich dann nicht mehr aufwühlen. Du akzeptierst die Gedanken als das, was sie sind: Vorschläge des Geistes, die kommen und gehen und die für dein Leben keine Bedeutung haben müssen. Zudem trainierst du, deine Gedanken, Gefühle oder körperlichen Empfindungen zu akzeptieren, ohne sie durch Bewertung zum Problem zu machen (»das ist gut«, »das ist schlecht«, »das ist furchtbar«) und du lernst, mehr im Hier und Jetzt zu sein. Außerdem erkennst du schneller, wenn du in Grübeleien, Zukunftssorgen oder schädliche Denkmuster verfällst. Achtsamkeit ist somit die Voraussetzung dafür, dir deiner schädlichen (Denk-)Gewohnheiten bewusstzuwerden und rechtzeitig einzugreifen, bevor das gewohnte Programm die Kontrolle übernimmt.

Übung: **Glücksgewohnheit #8: Meditation**

*Es gibt viele gute Gründe, mit dem Meditieren anzufangen und wenn du es bisher noch nicht geschafft hast, hilft dir hoffentlich das folgende, schrittweise Vorgehen:*

- *Nachdem ich morgens meinen Wecker ausgestellt habe, richte ich mich im Bett auf, öffne meine Meditations-App (1) und meditiere für eine Minute (2)/… und meditiere für drei Minuten (3)*
- *Nachdem ich abends die Tür des Kinderzimmers hinter mir geschlossen habe, setze ich mich auf meinen Sessel, stelle mir einen Timer auf eine Minute und beobachte in dieser Zeit meine Gedanken, ohne sie zu bewerten (1)/… stelle ich mir einen Timer auf drei Minuten… (2).*

*Und jetzt: Nimm eine Siegerpose ein, klatsche laut Applaus für dich, lächle und fühle dich großartig.*

Oft leiden wir in der Vorstellung viel stärker als in Wirklichkeit. Kaum etwas kann uns so sehr belasten, wie unsere eigenen Gedanken. Sie zu verändern ist daher ein wesentlicher Schlüssel für ein friedvolleres, glücklicheres und erfüllteres Leben.

Denkgewohnheiten sind hartnäckig. Sie lassen sich nicht von einem Tag auf den anderen ändern. Aber jeder Schritt in die richtige Richtung zählt. Wenn du dir deiner Denkmuster erst einmal bewusstgeworden bist, wirst du sie überall erkennen. Und das gibt dir die Möglichkeit sie Schritt für Schritt zu ändern.

# Verbessere die Beziehung zu dir selbst

Wenn du dir ein glücklicheres Leben erschaffen möchtest, gilt es die Beziehung zu dir selbst zu verbessern. Denn nur wenn du glaubst, ein solches Leben auch verdient zu haben, wirst du nach der Erfüllung deiner Träume streben. Und nur wenn du dich liebevoll behandelst, wird sich das Glück bei dir zu Hause fühlen.

# SCHREIB DEINE GESCHICHTE NEU

*Wir werden immer nur so viel erreichen, wie wir uns selbst zutrauen. Das Bild, das wir von uns selbst haben ist daher entscheidend, um ein besseres Leben aufzubauen.*

Wir Menschen erzählen uns ständig Geschichten: über uns selbst, über unsere Vergangenheit und warum wir so geworden sind, wie wir sind. Wir erzählen uns Geschichten über unsere Möglichkeiten, über andere Menschen und die Welt. Oft merken wir gar nicht, was wir da tun. Aber die Geschichten wirken auch, ohne dass wir uns ihrer bewusst sind. Sie beeinflussen, wie wir uns fühlen, was wir tun, wovor wir zurückschrecken und wie wir mit anderen umgehen. Sie wirken sich auf unser Selbstbild aus und können unser Leben prägen.

Vielleicht erzählst du dir schon seit Jahren, dass jede Mühe umsonst wäre, weil das Leben ungerecht sei und nur die belohnt werden, die mit falschen Karten spielen.

Oft handeln unsere Geschichten davon, Opfer zu sein und von dem Unrecht, das uns widerfahren ist. Mich erreichen immer wieder Nachrichten von Menschen, die mir erzählen, dass sie nicht glücklich sein können, weil ihre Eltern schon immer die kleinere Schwester bevorzugt haben und sie dann auch noch als Grundschülerin ein Mobbingerlebnis hatten. Sicher waren das keine guten Erfahrungen. Aber wenn du dir einredest, deshalb immer benachteiligt zu sein und kein Glück erfahren zu können, beschneidest du dich in deinen Möglichkeiten.

*»Ich mag die Träume von der Zukunft lieber als die ganze Geschichte der Vergangenheit.«*
THOMAS JEFFERSON
(GRÜNDERVATER DER USA)

Jeder von uns hat sein Päckchen zu tragen. Selbst die, deren Kindheit *eigentlich* sorglos und unbeschwert war. Kein Mensch ist frei von negativen Erfahrungen. Wenn wir jedoch diese wieder und wieder zum Leben erwecken, erhalten wir auch den Schmerz, den Kummer und die Hilflosigkeit aufrecht, obwohl wir uns heute anders fühlen könnten.

Wann immer wir an eine bestürzende Erfahrung aus der Vergangenheit denken, veranlasst unser Gehirn die Ausschüttung derselben Stress-Botenstoffe, wie in der damaligen Situation. Dadurch fühlt es sich so an, als ob wir das Erlebnis noch einmal durchleiden würden. Plötzlich sind wir dann wieder der verunsicherte Junge, der auf dem Schulhof gehänselt wird oder die junge Frau, deren Herz bricht, als sie mit ansehen muss, wie ihr Freund ihre beste Freundin küsst.

Je häufiger wir uns gedanklich bei negativen Erfahrungen wie diesen aufhalten, umso mehr brennen sich die entsprechenden Gedanken und Gefühle ein. So fühlen wir uns immer wieder schwach, hilflos oder ungerecht behandelt. Obwohl wir heute 20 Jahre reifer sind, begegnen wir der Welt noch immer mit dem Gefühl abgelehnt oder ungerecht behandelt zu werden und ziehen entsprechende Ereignisse an. Denn was wir uns oft genug erzählen und woran wir glauben, wird irgendwann zur Wirklichkeit. Und wir erzeugen immer mehr solcher Erfahrungen, die uns in unserer Geschichte wieder und wieder bestätigen. Ein Ausweg scheint weit entfernt.

Wenn du ein anderes Leben willst und nicht auf ewig der sein möchtest, »der gemobbt wurde«, dann finde heraus, was dich sonst noch ausmacht und lasse den Schmerz der Vergangenheit nicht weiter deine Zukunft definieren.

## DEINE STORY ERZEUGT DEINE REALITÄT

Den Kern der Geschichten, die wir uns wieder und wieder erzählen, bilden die Glaubenssätze, die wir verinnerlicht haben. Denn es bleibt selten bei der Aufzählung der Fakten. Viel eher heißt es dann, dass wir gemobbt wurden, weil wir »schon immer anders« waren und »nicht dazugehörten«. Dann heißt es, dass wir nur deswegen noch nicht beruflich aufgestiegen sind, weil die Arbeitswelt ein Haifischbecken wäre und nur die »Harten in den Garten« kommen. Und von unserem Partner, mit dem es ständig Zoff gibt, trennen wir uns nur deshalb nicht, weil wir uns ein Scheitern nicht erlauben dürfen oder »nie wieder jemand finden würden, der es mit uns aushält«.

Wenn du aber meinst, dass nur rücksichtlose Egoisten Erfolg haben, wirst du diesen stets selbst boykottieren. Du möchtest schließlich nicht so werden wie sie. Und wenn du glaubst, so kompliziert und anstrengend zu sein, dass es keiner mit dir aushalten würde, akzeptierst du eine schlechte Behandlung und bleibst in einer unbefriedigenden Beziehung.

So schränken uns die Geschichten ein, die wir uns erzählen. Sie hindern uns daran, unser Wunschleben zu führen. Sie werden zu unserer Wirklichkeit, weil wir uns entsprechend unserer Überzeugungen verhalten. Denn es bleibt nie bei einem Gedanken für sich. Stattdessen zieht ein Gedanke ein bestimmtes Gefühl nach sich, das weitere dazu passende Gedanken entstehen lässt und auf Basis dieser synchronisierten Gedanken und Gefühle handeln wir dann.

So können durch das, was wir glauben, Beziehungen zerbrechen oder gar nicht erst zustande kommen, Träume zerplatzen und Krankheiten, wie Depressionen, entstehen.

Es lohnt sich daher kritisch zu prüfen, welche Geschichten du dir über dich selbst erzählst und inwiefern sie dich daran hindern, dass Leben deiner Träume zu führen.

<u>ÜBUNG:</u> ***Welche Geschichte erzählst du dir?***

*Nimm Zettel und Stift zur Hand und mach es dir an einem ruhigen Ort gemütlich. Beantworte dann die folgenden Fragen:*

- *Wähle ein Problem oder eine Situation aus, mit der du oft unzufrieden bist. Etwa deine berufliche Entwicklung, deine Partnerschaft, dein Aussehen oder deine Finanzen.*
- *Überleg einmal, warum stehst du heute an diesem diesem Punkt in deinem Leben? Wie würdest du jemand anderem die Situation erklären?*
- *Achte nun darauf, welche Worte oder Sätze du in Bezug auf das Problem verwendet hast. Greifst du vielleicht auf bestimmte Phrasen und Sprichwörter zurück (»Nur die Harten kommen in den Garten«, »Geld verdirbt den Charakter«, »Ohne Fleiß kein Preis«, »Das Leben ist kein Wunschkonzert«)? Welche Überzeugungen kristallisieren sich heraus? Zum Beispiel, dass »xy nicht geht«, »andere Menschen xy sind« oder »du noch nie xy konntest?« Schreib das auf.*
- *Wie fühlst du dich, wenn du dir die Geschichte erzählst? Welche Auswirkungen auf deine Gefühle, dein Energielevel, deine Motivation oder dein Verhalten kannst du wahrnehmen? Hilft dir die Geschichte, dich stark zu fühlen und deine Ziele zu erreichen oder schränkt sie dich ein und hält dich zurück?*

Die Geschichten, die wir seit Jahren über uns erzählen und die daraus entstehenden Gefühle werden irgendwann zu unserer Identität. Doch was dir andere gesagt haben oder was du selbst geschlussfolgert hast, war vielleicht noch nie richtig. Was in der Kindheit Sinn ergeben hat, ist heuzutage vielleicht schon längst nicht mehr wichtig. Und was du meinst über dich zu erinnern und zu wissen, kann vollkommen falsch und verzerrt sein.

## EIN SELBSTBILD, DAS AUF FALSCHEN BEWEISEN BERUHT

Die Überzeugungen, die unser Selbstbild prägen, wurden durch die Erlebnisse und Erfahrungen geformt, die wir im Laufe unseres Lebens – vor allem aber in unserer Kindheit – gesammelt haben. Jede Überzeugung fußt also auf handfesten Beweisen. Wenn ich dich fragen würde, warum du dich für wenig liebenswert hältst, würdest du mir vielleicht von der schmerzhaften Abfuhr erzählen, die du vor Kurzem erhalten hast oder anführen, dass du schon seit fünf Jahren Single bist.

Aber wie steht es eigentlich um diese sogenannten Beweise? Alle Informationen, die wir über uns selbst und andere sammeln, unterliegen den Grenzen unserer Wahrnehmungsfähigkeit. Unser Gehirn bildet jedoch keinesfalls 1:1 ab, was in der Welt draußen vor sich geht. Viel eher arbeiten unsere Sinne wie Filter, die nur einen kleinen Ausschnitt der Realität durchlassen. Wir neigen zum Beispiel dazu, bevorzugt die Informationen herauszufiltern, die unsere Ansichten bestätigen. Dieses Phänomen, man nennt es Bestätigungsfehler, führt dazu, dass wir alles so sehen, wie wir es eben gerne sehen wollen, und dass wir Behauptungen, die nicht unserer

Meinung entsprechen, für unglaubwürdig halten. Wenn du also glaubst, wenig liebenswert zu sein, wirst du auch nur Ereignisse bemerken, die dich darin bestätigen. Alles, was nicht dazu passt, blendest du einfach aus. Auf diese Weise kann ein vollkommen verzerrtes Bild zustande kommen.

Aber was ist mit all den Zurückweisungen, die du im Laufe deines Lebens erhalten hast, fragst du dich jetzt. Du kannst dich doch an jede von ihnen schmerzlich erinnern. Das stimmt, nur gilt auch hier wieder: Wir erinnern uns nicht an alle Ereignisse gleichermaßen, sondern vorrangig an das, was uns aufgewühlt hat oder an das, was wir häufiger nutzen (weil du zum Beispiel häufig darüber nachdenkst oder anderen davon erzählst). So kann es kommen, dass du dich rückblickend eher an schmerzhafte Abfuhren erinnerst als an die Erlebnisse, in denen du ganz gut angekommen bist. Auf diese Weise überschätzt du womöglich auch die Misserfolgserlebnisse in deinem Leben und siehst deine Vergangenheit einseitig schlecht.

Tatsächlich ist auf Erinnerungen grundsätzlich weniger Verlass, als man annehmen würde. Das liegt nicht nur daran, dass die einst gespeicherten Informationen über die Zeit verloren gehen (oder kannst du dich noch erinnern, was du heute vor einem Jahr gemacht hast?). Es liegt auch daran, dass das, an was wir uns zu erinnern meinen, oft extrem fehlerbehaftet ist.

Die Psychologin Elizabeth Loftus konnte zum Beispiel zeigen, wie einfach es ist, eine falsche Erinnerung einzupflanzen. Dazu gab sie einem 14-Jährigen einen wahren Bericht über seine Kindheit zu lesen, in den sie eine frei erfundene

Lügengeschichte darüber einband, wie er angeblich als kleines Kind in einem Einkaufszentrum verloren ging. Obwohl dem Jungen so etwas nie passiert war, begann er sich in den folgenden Tagen an immer mehr Details von dem Erlebnis zu »erinnern«. Er berichtete von seinen ersten Gedanken, konnte den Laden nennen, indem es geschehen war und wusste plötzlich auch wieder, dass der Mann, der ihn gerettet hatte, ein blaues Flanellhemd und eine Brille trug sowie eine Glatze hatte …

Genauso wie dieser Junge davon überzeugt war, etwas erlebt zu haben, dass sich nie zugetragen hat, meinst auch du dich vielleicht an ein paar Ereignisse zu erinnern, die so gar nicht stattgefunden haben. Schon allein, wenn wir bestimmte Informationen immer wieder hören, verarbeitet unser Gehirn diese so, als wären sie unsere eigene Erinnerung. Es reicht also, wenn du häufig gehört hast, dass du schüchtern bist, dass dein Gehirn entsprechende »Erinnerungen« dazu konstruiert.

Manchmal mischen wir auch Szenen aus Büchern oder Filmen unbemerkt mit unserer eigenen Geschichte. Ich zum Beispiel war noch als Jugendliche davon überzeugt, dass ich fliegen konnte. Zumindest habe ich wiederholt auf dem Weg neben unserem Haus Anlauf genommen, heftig mit den Armen gewedelt und habe dann auch immer für kurze Zeit abgehoben. Natürlich hat mir mein logischer Verstand irgendwann gesagt, dass das nicht möglich ist und ein Mensch nicht ohne fremde Hilfe fliegen kann. Aber in meiner Erinnerung bin ich wirklich geflogen. Entweder ist diese Welt also magischer, als wir das gemeinhin annehmen oder mein Gedächtnis hat mich schlichtweg betrogen.

Wir glauben, dass unser Gedächtnis unsere Vergangenheit wie einen Film aufzeichnet. Tatsächlich zeigen neueste Studien jedoch, dass unsere Gedächtnisinhalte formbar wie Knetmasse sind. In dem Moment, in dem wir eine Erinnerung abrufen, verändern wir sie bereits. Dabei wird unsere Vergangenheit so umgeschrieben, dass sie zu unserem aktuellen Selbstbild passt. Wir erstellen also die Version, die wir jetzt benötigen, aber nicht die, die die Wirklichkeit wiedergibt.

Das, was wir als Story über uns im Kopf haben, hat also unter Umständen nicht viel mit den Fakten unserer Vergangenheit zu tun. Die Wissenschaftsjournalisten Werner Siefer und Christian Weber, die sich intensiv damit beschäftigt haben, wie unsere Wahrnehmung die Wirklichkeit verzerrt und welchen Fehlern unser Gedächtnis unterliegt, kommen in ihrem Buch *Ich: Wie wir uns selbst erfinden* daher zu dem Schluss, dass das Gedächtnis eine große »Ich-Show« ist: »Hier wird redigiert, zensiert, zerschnitten, ausgeblendet und alles Verbliebene neu verknüpft, und zwar so, dass die Vergangenheit einen Sinn macht. Die erinnerte Biografie ist daher ein immer wieder neues Schauspiel auf der Bühne des Ichs und wir sind zu großen Teilen nur diejenigen, die wir überzeugt sind, gewesen zu sein«.

## SCHREIB DEIN EIGENES DREHBUCH

Du schreibst deine Geschichte also selbst, durch das, was du dir immer wieder erzählst. Durch die Erlebnisse, die du aus deiner Vergangenheit wählst und die Art, wie du sie deutest.

Es ist daher an der Zeit, all das, was du über dich glaubst, in Frage zu stellen und zu neuen, hilfreicheren Einschätzungen zu gelangen. Gedanken sind nicht unbedingt richtig und sie sind es auch nicht immer wert, gedacht zu werden. Wenn wir sie als das erkennen, was sie sind, fällt es auch leichter zu unterscheiden, was uns dienlich ist und was nicht.

Denn Gedanken sollten sich immer lohnen. Sie sollten uns ermöglichen die Dinge zu tun, die wir in unserem Leben erreichen möchten. Die Überzeugung »Alle Menschen sind gut« ist vielleicht nicht unbedingt richtig. Aber sie ist überaus hilfreich, wenn du neue Kontakte schließen, vertrauen und dich in einer Gemeinschaft wohl fühlen möchtest. Die Überzeugung »Niemand mag mich« wird dich hingegen davon abhalten, auf andere zuzugehen und Bekanntschaften zu knüpfen.

*Welche deiner Überzeugungen halten dich davon ab, das zu tun, was du eigentlich tun möchtest? Welche stehen dir dabei im Weg, das Leben deiner Träume zu führen?*

»Im Februar 2018 hatte ich einen Zusammenbruch. Totale Erschöpfung, Burnout, leichte Depression. Ich hatte meine Energie runtergewirtschaftet, indem ich nur für andere da war. Ich begann mich mit meinen Glaubenssätzen auseinanderzusetzen und erkannte, dass ich nach dem Leitsatz gelebt hatte, andere unter keinen Umständen zu enttäuschen. Seitdem habe ich Stück für Stück angefangen mich mehr in den Fokus zu nehmen, auf meinen Körper zu hören und meine Bedürfnisse zu äußern und sie zu befriedigen. Ich bin kompromissloser und auf eine gesunde Art ichbezogen. Das tut mir sehr gut!!«

*Birgit (Glücksdetektiv-Leserin)*

All die Glaubenssätze, die dazu führen, dass du dich schlecht fühlst, die verhindern, dass du deine Ziele verfolgst und die dich gefangen in einem Leben halten, das du schon längst nicht mehr führen möchtest, gehören ersetzt. Nur weil du etwas bislang gedacht hast, musst du es nicht bis ans Ende deines Lebens glauben.

Unser Wissen verändert sich permanent. Das Wissen über die Welt, aber auch das Wissen über uns selbst. Vielleicht hast du nach dem Ende deiner ersten Beziehung gedacht: »Ich werde nie wieder jemanden so lieben« und dann festgestellt, dass deine Überzeugung falsch war, weil es mit dem nächsten Partner noch schöner geworden ist. Genauso solltest du auch die Überzeugung ablegen, dass du »nicht genügst«, »anders bist« oder »nichts je zustande bringst«. Hör auf, dir diesen ganzen Unsinn über dich zu erzählen. Hör auf, dich klein zu halten, einzuschränken und deinem Glück im Weg zu stehen. Hör auf, dir aufgrund einer Handvoll negativer Erlebnisse einzureden, dass es nie besser werden kann.

Deine Vergangenheit bestimmt nicht über deine Zukunft. Wir Menschen ändern uns permanent und du hast vermutlich nicht mal an der Oberfläche dessen gekratzt, zu was du wahrhaft fähig bist.

*»Laß dir von keinem Fuhrmann imponieren, der dir erzählt: ›Lieber Freund, das mache ich schon seit zwanzig Jahren so!‹ Man kann eine Sache auch zwanzig Jahre lang falsch machen.«*

KURT TUCHOLSKY
(DEUTSCHER SCHRIFTSTELLER)

*ÜBUNG:* ***Glaubenssätze hinterfragen***

*Das Perfide an Glaubenssätzen ist, dass sie uns glauben machen, sie würden der Wahrheit entsprechen. Deswegen kommen wir nicht auf die Idee, sie zu hinterfragen. Genau das aber müssen wir tun, um unliebsamen Überzeugungen die Grundlage zu entziehen. Ziel dieser Übung ist es daher, deine Gedanken auf ihren Wahrheitsgehalt hin zu überprüfen.*

- *Wähle einen Satz aus, der dir das Leben schwer macht.*
- *Frage dich, ob er dir guttut oder ob er hilfreich ist.*
- *Notiere dir die Hinweise, die für deinen Gedanken sprechen. Dieser Teil der Aufgabe wird dir vermutlich sehr leichtfallen, da dein Gehirn sich bevorzugt an all jene Situationen erinnert, die deine Überzeugung bestätigen.*
- *Suche jetzt gezielt nach Gegenbeweisen. Welche Situationen fallen dir ein, die gegen deine Annahme sprechen? Welche alternativen Sichtweisen könnte es geben? Zu welchem Schluss würde eine andere Person vielleicht gelangen? Es geht bei dieser Übung nicht darum, einfach das Gegenteil zu behaupten (zum Beispiel »Ich bin klug«, statt »Ich bin dumm«), sondern gezielt nach Beweisen zu suchen, die zeigen, dass deine ursprüngliche Überzeugung nicht der Wirklichkeit entspricht.*
- *Notiere zuletzt, zu welcher realistischen Einschätzung du gelangt bist.*

*Diese realistischen Alternativsätze solltest du in Zukunft immer wieder hervorholen, wenn du dich bei einem herabwertenden Gedanken oder einem anderweitig nicht dienlichen Glaubenssatz erwischst.*

<u>*ÜBUNG:*</u> ***Glücksgewohnheit #9: Schädliche Glaubenssätze ersetzen***

*Wenn ich mich bei einem schädlichen Glaubenssatz erwische (zum Beispiel dem Gedanken: »Ich bin dumm«), stoppe ich mich sofort und greife auf den realistischen Alternativsatz zurück (zum Beispiel »Ich bin klüger, als ich es mir zugestehe« oder »Ich habe in der Vergangenheit schon oft klug gehandelt«). Vergiss nicht, dich unmittelbar nach dem realistischen Alternativsatz zu belohnen. Nimm dich in den Arm, lächle oder klatsche Applaus für dich. Du hast einen weiteren Schritt erfolgreich umgesetzt, auf dem Weg zu einer besseren Beziehung zu dir selbst.*

Es ist nicht einfach sich von Gedanken zu lösen, an die man jahrelang geglaubt hat. Schon gar nicht, wenn man diese Gedanken als Teil der eigenen Identität betrachtet. Doch wenn dieser Gedanke zwischen dir und deinem Traumleben steht, dann ist das deine wichtigste Aufgabe. Denn es ist genau dieser Gedanke, der dich immer wieder runterziehen und klein halten wird, wenn du ihm nicht den Wind aus den Segeln nimmst. Auch wenn es sich falsch anfühlt, plötzlich deinen Alternativsatz zu sagen, vergiss nie: Gedanken sind keine Tatsachen. Sie sind nur ein Eindruck in deinem Kopf. Du hast die Freiheit zu wählen, ob und wie du dich mit ihnen auseinandersetzen willst.

Wir Menschen wollen an einen festen Kern glauben, der uns ausmacht. Wir versuchen »uns kennenzulernen« und bemühen uns, »zu uns selbst zu finden«. Doch so gefestigt, wie wir das glauben möchten, sind unsere Persönlichkeit und unser Selbstbild nicht. Alles an dir ist formbar. Deswegen muss deine Vergangenheit auch nicht länger über deine Zukunft bestimmen. Denn das Selbst, an das du dich bislang geklammert hast, ist lediglich das deiner Vergangenheit. Ein Selbst, das du hier und heute verändern und neu definieren kannst.

So kommen auch die Wissenschaftsjournalisten Siefer und Weber zu dem Ergebnis: »Die Frage lautet nicht mehr: ›Wer bin ich?‹, denn wir haben höchstwahrscheinlich keine feste Bestimmung, sondern: ›Wer könnte ich werden?‹ Und das können wir selbst festlegen.«

**ÜBUNG: Schreib deine Geschichte neu**

*Ziel der folgenden Übung ist, deine Geschichte ausgewogener darzustellen als bisher. Deine prägenden Erfahrungen dürfen darin weiterhin vorkommen, nur darfst du dich von nun an auch darauf konzentrieren, inwiefern sie dich stark gemacht haben. Denn die Dinge sind selten einseitig gut oder schlecht. Wenn du erkennst, inwiefern du durch die negativen Erfahrungen in deinem Leben gewachsen bist, wird deutlich, dass nichts davon dich von einem glücklichen Leben abhalten muss.*
*Nimm dir für diese Übung ausreichend Zeit (du kannst sie auch an mehreren Tagen fortsetzen). Hol dir etwas zu trinken, schalte vielleicht etwas Entspannungsmusik ein und mach es dir gemütlich.*

- *Notiere dir in kurzen Stichpunkten, welche prägenden Ereignisse aus deiner Vergangenheit du zur Erklärung deiner aktuellen Situation, Unzufriedenheit oder Misserfolgserlebnisse heranziehst.*
- *Überlege dir nun für jedes prägende Ereignis, was für positive Aspekte daraus entstanden sind und inwiefern dich das Erlebnis auch gestärkt hat. Neben »Meine Eltern haben schon immer meine Schwester bevorzugt und deswegen fühle ich mich noch heute nicht gut genug« sollte dann auch stehen: »Aber deswegen habe ich auch schon früh gelernt für mich selbst zu sorgen und bin heute selbstständiger als so manch anderer«. Neben: »2016 hatte ich ein Burnout und seither traue ich mich nicht mehr, Verantwortung zu übernehmen« sollte auch stehen: »2016 hatte ich ein Burnout, weswegen ich heute weiß, wie wichtig es ist, Rücksicht auf die eigenen Bedürfnisse zu nehmen«.*

- *Gehe dann noch einmal in dich und schreibe fünf bis zehn positive Erfahrungen deiner Vergangenheit auf oder positive Aspekte, die dir deine Eltern oder Freunde mitgegeben haben. Auch diese Aspekte gehören zu dir und sollten Bestandteil deines Selbstbildes sein. Zum Beispiel mögen deine Eltern deine Schwester bevorzugt haben, aber sie haben dir trotzdem mitgegeben, dich für Hilfsbedürftige einzusetzen, dich Disziplin gelehrt oder deine Hobbys stets unterstützt.*
- *Schreib nun eine neue Geschichte über dich selbst. Stelle dir vor, du würdest mir eine Nachricht schreiben und mir erklären wollen, wie alles, was du in der Vergangenheit erlebt hast, dich zu der starken Persönlichkeit geformt hat, die du heute bist. Zeige mir, warum du heute weißt, dass dir eine positive Zukunft bevorsteht, weil du über all die Ressourcen verfügst, die du brauchst, um dir ein glückliches Leben zu erschaffen.*
- *Hänge deine Geschichte gut sichtbar auf, um dich immer wieder daran zu erinnern, wie weit du schon gekommen bist, und dass die Zukunft, von der du träumst, nur darauf wartet, von dir erschaffen zu werden.*

*Im Sinne der Gewohnheitsbildung ist es nun wichtig, dieses neu erworbene positive Wissen über dich so oft wie möglich zur Anwendung zu bringen. Von nun an, wenn du dich an das prägende Ereignis erinnerst, denke auch an die positiven Folgen, die damit einhergingen und wenn du anderen davon erzählst, berichte davon, wie dich das Erlebnis gestärkt hat.*

# BEFREIE DICH VON ÜBERHÖHTEN ANSPRÜCHEN

*Auf der Suche nach Anerkennung, Wertschätzung und Liebe verlangt so manch einer mehr von sich selbst als von allen anderen Menschen auf dieser Welt.*

Teresa hat eben ihr zweites Kind bekommen. Sie ist überfordert und vollkommen erschöpft. Tiefe Augenringe zeichnen ihr Gesicht und sie kämpft mit den Tränen, während sie mir von ihrer Belastung erzählt. Was Teresa mehr als alles andere braucht, ist Unterstützung, Entspannung und Zeit für sich. Doch als ihr Mann im Lauf des Gesprächs zu uns tritt, und ihr anbietet das Baby für einen Spaziergang zu übernehmen, wehrt sie seine Hilfe mit den Worten ab, sie könne sich schon um die Kleine kümmern.

Karin arbeitet als Ärztin, hat zwei Kinder im Kindergartenalter und kümmert sich nebenbei um ihre pflegebedürftigen Eltern. Ihr tägliches Pensum ist gewaltig und doch schafft es Karin nicht kürzerzutreten. Immer wieder versichert sie mir, sie könne so nicht weitermachen und würde an der Mehrfachbelastung zu Grunde gehen. Doch wenn der Vierjährige Geburtstag hat werden gleich zwei Motivtorten gebacken, der Tisch ist fürstlich dekoriert, die Wohnung blitzblank und die Geschenke stapeln sich bis zur Zimmerdecke.

Auch Simon macht sich das Leben unnötig schwer. Er arbeitet als selbstständiger Grafikdesigner von zu Hause aus und kann frei entscheiden, wie viel er wann arbeiten möchte. Sein Traum ist es, nur noch Teilzeit zu arbeiten, doch eine innere Stimme zwingt ihn ständig, mehr zu leisten. »Wenn ich weniger als acht Stunden am Tag arbeite, fühle ich mich faul und unproduktiv.« Und selbst nach Feierabend räumt Simon lieber das Wohnzimmer auf, als sich endlich auszuruhen.

Kennst du solche Antreiber auch von dir?

- Fühlst du dich ständig gehetzt? Fällt es dir schwer, eine Pause zu machen? Und plagt dich das schlechte Gewissen, wenn du mal nichts Produktives tust?
- Muss für dich immer alles perfekt sein? Korrigierst du Arbeiten lieber zehnmal, als Gefahr zu laufen, einen Fehler zu übersehen?
- Ermahnst du dich oft zur Eile und versuchst schneller Ergebnisse zu produzieren als deine Mitstreitenden?
- Hast du das Gefühl immer stark sein zu müssen, fragst kaum um Hilfe oder lehnst die Hilfsangebote anderer ab?
- Fühlst du dich für das Wohl aller verantwortlich, versuchst du jedem zu gefallen und kannst du schlecht Nein sagen?

Es ist doch verrückt. Da sehnen wir uns nach Entspannung, aber erlauben uns nicht auf die Bremse zu treten. Es scheint, als ob es da eine innere Kraft in uns gäbe, die uns davon abhält das Leben unserer Träume zu führen. Und auch hier wieder ist der Ursprung in unserer Erziehung und den Erfahrungen unserer Vergangenheit zu finden.

Teresa hat irgendwann gelernt, dass sie es allein schaffen muss. Vielleicht hat sie dieses Muster bereits von ihrer Mutter übernommen, die niemandem je belasten wollte. Vielleicht haben ihr auch negative Erfahrungen in der Vergangenheit gezeigt, dass auf andere kein Verlass ist. Doch wenn sie ihre überhöhten Ansprüche nicht überwinden kann, wird sie eines Tages an ihrer Last zerbrechen. Gleiches gilt für Karin und all die anderen Menschen, die ihrem Wunschleben nicht näher kommen, weil sie ein innerer Dämon zwingt, anders zu handeln, als sie es eigentlich möchten und brauchen.

Natürlich ist es nicht verkehrt, sich anzustrengen oder seine Aufgaben selbstständig lösen zu wollen. Hohe Ansprüche motivieren uns und können auch Treiber für herausragende Leistungen sein. Die Frage ist aber immer: Was wollen wir eigentlich vom Leben?. Und wenn du dich nach Entspannung sehnst, hilft dir Perfektionismus und Arbeitssucht nicht weiter.

*Wenn es um Ansprüche geht, ist es gut, ein Mittelmaß zu finden. Denn wir dürfen nicht die Freiheit verlieren, selbst und von Situation zu Situation zu entscheiden, wann wir Hilfe annehmen wollen und ob wir heute lieber länger arbeiten oder den Abend mit Freunden ausklingen lassen möchten.*

Um dich von überhöhten Ansprüchen zu befreien, kannst du genauso verfahren, wie mit allen anderen unliebsamen Gedanken.

# 1.

## HINTERFRAGE SIE

»Muss ich denn wirklich alles allein schaffen?« Ist das eine auf Fakten basierende Überzeugung oder ist es womöglich okay, wenn ich mir helfen lasse? Hinterfrage den Antreiber und finde deinen realistischen Alternativsatz (zum Beispiel: »Wenn ich mir helfen lasse, komme ich weiter«). Jedes Mal, wenn du merkst, dass du wieder alles allein zu machen versuchst, erinnere dich an deinen Alternativsatz und nimm diesen zum Anlass, dir Hilfe zu suchen oder diese zuzulassen.

---

# 2.

## IGNORIERE SIE

Da all die Gedanken, die dir tagein, tagaus das Leben schwer machen, nicht unbedingt auf Fakten beruhen, darfst du den Lärm in deinem Kopf auch einfach ignorieren. Wenn du feststellst, dass du dich innerlich mal wieder zur Eile treibst, erinnere dich an deine Meditationspraxis. Registriere, dass du den entsprechenden Gedanken hast, beobachte ihn und lass ihn weiterziehen. (»Ah, ich habe den Gedanken, dass ich schnell sein muss.«)

# 3.

## VERÄNDERE DIE GEWOHNHEIT

Gedanken ziehen bestimmte Verhaltensweisen nach sich. Der Gedanke: »Ich muss es allein schaffen« sorgt dafür, dass du Hilfe ablehnst. Der Gedanke: »Es muss perfekt sein«, dass du wieder und wieder deine Arbeit kontrollierst. Wenn du Gedanken wie diese unschädlich machen willst, verändere das Verhalten, das mit ihnen verknüpft ist. Eine Anleitung dazu erhältst du in der Übung: »Schritt für Schritt zu mehr Selbstwertgefühl« auf Seite 158. Auf diese Weise bekommst du eine Reihe von Wenn-dann-Regeln, die du eine nach der anderen einüben und umsetzen kannst, zum Beispiel: »Wenn mir mein Mann anbietet das Baby abzunehmen, sage ich: ›Ja, gerne‹ und überlass ihm das Kind«.

Kein Mensch kann immer nur stark sein und niemand beständig Bestleistungen bringen. Wir müssen daher aufhören, uns an viel zu hohen Idealen zu messen. Mehr zu tun oder schneller zu sein macht dich nicht wertvoller, als du es jetzt schon bist. Es erzeugt bloß Stress und das ungute Gefühl ständig getrieben zu sein. Darum erlaube dir auf die Bremse zu treten, wenn du erschöpft bist oder Hilfe anzunehmen, wenn du sie brauchst. Vergiss nicht: Das Ziel ist nicht, ein perfekter Mensch zu werden, sondern das Leben zu führen, von dem du träumst.

# LERNE DICH LIEBEVOLL ZU BEHANDELN

*Die wichtigste Beziehung deines Lebens ist die zu dir selbst. Pflege sie entsprechend, indem du dir die Zuwendung gibst, nach der du dich sehnst.*

Wir wünschen uns von unseren Partnern und Partnerinnen, dass sie uns auf Händen tragen. Sie sollen liebevoll mit uns umgehen, uns glücklich machen und uns in jeder Lebenslage zur Seite stehen. Doch wird es nie jemanden geben, der uns nähersteht als wir selbst. Genauso wie es keinen Menschen gibt, der mehr Verantwortung für unser Glück oder unsere Gesundheit trägt. Erfüllende Beziehungen gehören zu den wichtigsten Bestandteilen eines glücklichen Lebens. Das schließt die Beziehung zu uns selbst mit ein. Es ist daher an der Zeit, den Kampf, den du gegen dich selbst führst, einzustellen und dir mit der Fürsorge zu begegnen, die du verdienst.

Denn wie willst du dich glücklich fühlen, wenn du dich selbst herabwertest und wie willst du dir ein Leben nach deinen Vorstellungen erschaffen, wenn du insgeheim davon überzeugt bist, nichts Gutes zu verdienen?

Selbstablehnendes Verhalten ist nicht nur unangebracht, es zieht auch eine Reihe negativer Folgen nach sich. Doch wie jedes andere Verhalten, ist auch ein negatives Selbstbild erlernt. Du bist nicht mit Minderwertigkeitsgefühlen auf die Welt gekommen. Sie haben sich aufgrund bestimmter Erfahrungen entwickelt. Deswegen können auch die abwertenden Gedanken und das lieblose Verhalten, das Ausdruck deines geringen Selbstwertgefühls ist, wie jede andere Gewohnheit behandelt und verändert werden.

Wenn du mehr Selbstwertgefühl entwickeln möchtest, musst du nicht darauf warten, dass die Menschen in deinem Umfeld dich anders behandeln. Vielmehr kannst und solltest du dir selbst zeigen, dass du wertvoll bist, indem du anfängst, liebevoller mit dir selbst umzugehen.

Je positiver unser Selbstbild ist, desto eher sind wir bereit, uns liebevoll zu behandeln. Doch je liebevoller wir uns behandeln, umso positiver wird unser Selbstbild. Diesen Effekt können wir uns zunutze machen.

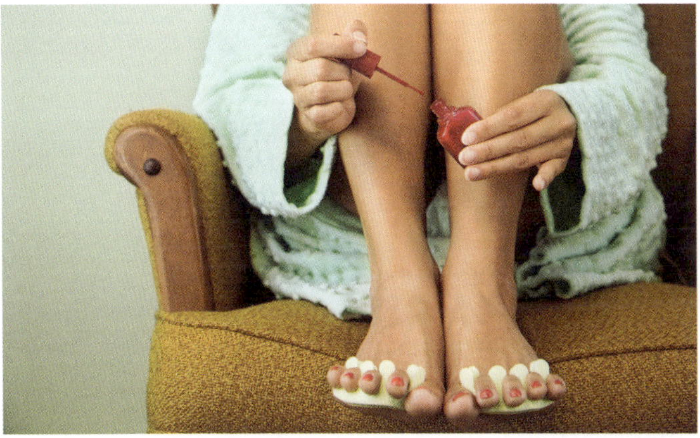

### <u>ÜBUNG:</u> *Schritt für Schritt zu mehr Selbstwertgefühl*

*Um eine Gewohnheit wie mangelndes Selbstwertgefühl zu verändern, muss sie auf ihre Bestandteile heruntergebrochen werden. Nur so kannst du wissen, was es konkret zu bearbeiten gilt.*

- *Erstelle eine Liste deiner selbstwertschädigenden Gewohnheiten. Durch welche konkreten Verhaltensweisen äußert sich dein geringes Selbstwertgefühl? Zum Beispiel:*
  - *Du siehst vor allem deine Fehler und Schwächen.*
  - *Du glaubst, alle anderen wären schlauer/hübscher/besser als du.*
  - *Du verwendest viel Energie darauf, dich vor anderen zu verstellen.*
  - *Du redest dich selbst schlecht.*
  - *Du stellst deine Bedürfnisse hintan.*
  - *Du traust dir wenig zu, weil du glaubst, nicht gut genug zu sein.*
  - *Du spielst deine Leistungen herunter.*
  - *Du nimmst keine Komplimente an.*
  - *Du setzt dich in einem vollen Saal in die letzte Reihe oder an den Rand.*
  - *Du tust, was andere von dir erwarten.*
  - *Du interpretierst die Worte anderer oft als Kritik.*
  - *Du lässt dich schlecht behandeln.*
  - *Du ignorierst deine Bedürfnisse.*
  - *Du vergleichst dich ständig mit anderen.*
- *Konkretisiere deine negativen Gewohnheiten: Versuche als Nächstes allgemeine Punkte zu konkretisieren. »Ich ignoriere meine Bedürfnisse« ist zum Beispiel zu allgemein gehalten, um dir einen Veränderungsansatz zu liefern. Notiere daher,*

*in welchen Situationen und gegenüber welchen Menschen du welche Bedürfnisse ignorierst. Dann erfährst du vielleicht, dass du dein Bedürfnis nach einem pünktlichen Feierabend übergehst, wenn dich Kollege xy mal wieder darum bittet, ihn zu unterstützen. Damit hast du einen konkreten Ansatzpunkt, um dein Verhalten zu verändern.*

- *Wähle den einfachsten Punkt aus: Nur wenn wir klein starten, kommen wir auch ins Handeln und bleiben länger am Ball. Wähle deswegen den einfachsten Punkt auf der Liste aus und fokussiere dich allein darauf, diese Gewohnheit zu verändern. Vielleicht pickst du zum Beispiel die Gewohnheit heraus, dich in einem Raum immer an den Rand oder nach hinten zu setzen, weil du niemanden stören willst.*
- *Erstelle eine passende Mikrogewohnheit: Formuliere jetzt eine Wenn-dann-Regel. Zum Beispiel: »Wenn ich einen Raum betrete, begebe ich mich in die Mitte des Raumes.« So weißt du genau in welchen Situationen was zu tun ist. Sollte dir dein Vorhaben Angst einflößen, mach die Schritte kleiner und harmloser. Du kannst dir theoretisch auch vornehmen, dich erstmal in die zweitletzte Reihe zu setzen und so immer eine Reihe vorrücken, bis du bei der Mitte angelangt bist. Genauso kannst du eine Regel: »Wenn mich jemand um etwas bittet, das ich nicht machen möchte, sage ich NEIN« auch zunächst in: »Wenn mich jemand um etwas bittet, was ich nicht machen möchte, sage ich: ›Ich werde es mir überlegen‹« abschwächen.*
- *Visualisiere das neue Verhalten: Stell dir das Verhalten fünf- bis zehnmal vor, bevor du es umsetzt. Dieses geistige Training hilft dir, die Abläufe zu verinnerlichen und bereitet dich auf die Umsetzung vor.*

- *Übe die neue Gewohnheit ein: Jetzt geht es darum, die neue Regel, so oft es geht, im Alltag anzuwenden. Wenn du trainieren möchtest, dich in der Mitte eines Raumes aufzuhalten, gehe vielleicht morgen in ein Café und setze dich an einen Tisch in der Mitte. Wenn du anschließend ins Kino gehst, weißt du ja, für welche Reihe du dein Ticket kaufen musst. Und wie wäre es am Wochenende mal wieder mit einem Konzert- oder Theaterbesuch? Auf diese Weise übst du die neue Gewohnheit in kurzen Abständen ein und verinnerlichst sie entsprechend schneller.*

*Sobald du dir das neue Verhalten angewöhnt hast, suche dir den nächsten Punkt auf der Liste aus. Geh auch hier wieder in kleinen Schritten vor und mach es dir einfach.*

Was auch immer du in deinem Leben anstrebst, es wird um ein Vielfaches leichter, wenn du anfängst dich selbst wertzuschätzen. Du darfst daher anfangen zu akzeptieren, dass du ein Mensch wie jeder andere bist. Genauso von Wünschen und Träumen getrieben, wie von Sorgen und Nöten belastet. Jemand, der viel zu geben und einiges zu lernen hat. Der so manches kann und anderes nicht. Ein Mensch, der stark und schön ist und schwach zugleich. Ein Mensch, der vieles will, aber längst nicht alles schafft. Und das ist okay. Das bedeutet es, Mensch zu sein.

Und trotz all deiner Unzulänglichkeiten ist nichts wertvoller, als dein Leben, deine körperliche und seelische Unversehrtheit und dein Recht darauf, nach Glück zu streben.

»Du selbst, genauso wie jeder andere im ganzen Universum, verdienst deine Liebe und Zuneigung.«

SIDDHARTA GAUTAMA
(BEGRÜNDER DES BUDDHISMUS)

# Lass dein Wunschleben Wirklichkeit werden

Im Leben geht es nicht darum, uns zu finden, sondern darum uns zu erschaffen. Sicher werden wir noch mit der ein oder anderen Überraschung konfrontiert, doch wir schreiben unsere eigene Geschichte. Wenn du genug von den Erfahrungen der Vergangenheit hast, ist es an der Zeit, eine neue Vision zu entwerfen. Wer möchtest du von nun an sein, wie möchtest du dich fühlen und was willst du erleben? Nimm das Drehbuch selbst in die Hand und gestalte dir das Leben, in dem du aufblühen kannst.

# ERFINDE DICH NEU

*Es ist nicht so wichtig, wer du bislang warst und auf das, was du von dir glaubtest, ist kein Verlass. Entscheidend ist einzig und allein, wer du werden möchtest.*

Mit allem, was du heute denkst, fühlst oder tust, gestaltest du dein Leben und formst deine Identität. Neue Gewohnheiten erschaffen ein neues Selbst. Wenn du nur oft genug auf eine bestimmte Art denkst oder handelst, wird sie zu einem Teil von dir. Indem du Freunde öfter auf ein Eis einlädst, Obdachlosen Kleingeld schenkst und im Restaurant stets ein gutes Trinkgeld hinterlässt, beweist du dir und anderen, großzügig zu sein. Anfangs sind es nur vereinzelte Gesten. Doch je häufiger du dich so verhältst, desto mehr verstehen dein Umfeld und auch du selbst, dass deine Großzügigkeit keine zufällige Geste ist, sondern ein stabiler Wesenszug. Mit allem was du denkst und tust, formst du somit deine Wunschidentität.

Die Frage ist also: Wer möchtest du von nun an sein?

*»Es spielt keine Rolle, woher du kommst.*
*Alles was zählt ist, wohin du gehst.«*
UNBEKANNT

ÜBUNG: **Mein neues Selbst visualisieren**

*Nimm dir 10 bis 15 Minuten Zeit und mach dir Notizen. Entwirf ein Bild davon, wer du gerne sein möchtest. Überlege dir, …*

- *welche Eigenschaften du haben möchtest,*
- *wie du mit dir und anderen Menschen umgehen willst,*
- *welche Gedanken dir durch den Kopf gehen sollen,*
- *wie du an Probleme herantreten möchtest,*
- *welche Erfahrungen du machen willst.*

*Orientiere dich vor allem an dem, was dich am meisten an dir stört. Wenn dich dein Grübeln stark belastet, dann möchtest du wohl lieber ein Mensch sein, der mehr in der Gegenwart verhaftet ist. Wenn dich deine schüchterne Art stört, dann soll dein neues Selbst selbstbewusst auf andere zugehen.*

Du musst nicht bis ins kleinste Detail wissen, wie dein weiterer Lebensweg aussehen soll. Entscheidend ist die Vorstellung davon, wie du sein und dich fühlen möchtest.

Wenn es deine Vision ist, ein lebensfroher Mensch zu sein, hast du eine Blaupause für jede Entscheidung in der Hand. Frage dich: »Was würde ein lebensfroher Mensch jetzt tun?«

- Würde er morgens nach dem Aufwachen zuerst das Fenster öffnen und die frische Luft einatmen oder würde er im Bett liegend die Nachrichten auf seinem Handy checken?
- Würde er auf dem Weg zur Arbeit Gute-Laune-Musik hören oder seine Sorgen durchgehen?
- Würde er die Einladung der Kollegin zum Karaoke-Abend annehmen oder eine windige Ausrede vorbringen?

Vielleicht ist es auch deine Vision eine starke, selbstbewusste und mutige Unternehmerin zu sein. Frage dich dann immer: »Was würde eine mutige Unternehmerin jetzt tun?« Würde sie sich in den Kurs über Finanzplanung einschreiben oder darauf hoffen, dass irgendein anderer die Finanzen für sie übernimmt? Würde sie ihr Businesskonzept bei der Bank vorstellen oder aus Angst vor einer Absage lieber gar nichts tun?

Auch ein konkretes Vorbild aus deinem unmittelbaren Umfeld oder auch aus Film, sozialen Medien oder Literatur kann sehr hilfreich sein, um dir ein neues Leben zu erschaffen. Von diesen Personen kannst du auch Gewohnheiten übernehmen, die diesen Personen helfen genauso optimistisch, gesund, selbstbewusst oder einfühlsam zu sein, wie du es gerne wärst.

Vergiss nicht: Dein Gehirn lernt über Erfahrungen. Deswegen reicht es nicht von einer bestimmten Vision zu träumen oder dir vorzustellen, jemand anderes zu sein. Du musst die Vision in konkrete Handlungen übersetzen. Damit erzeugst du eine andere Realität. Denn die neue Persönlichkeit sagt vielleicht Ja, wo die alte Nein gesagt hätte. Sie ergreift vielleicht Chancen, vor denen die andere zurückgeschreckt ist. Sie lacht vielleicht über eine Bemerkung, von der die alte sich angegriffen gefühlt hätte und sie reflektiert, wo die alte impulsiv geworden wäre.

> ÜBUNG: **Glücksgewohnheit #10:**
> **Sich von seiner Vision leiten lassen**
>
> *Wenn ich vor einer Entscheidung stehe, frage ich mich:*
> *»Was würde xy (mein Vorbild/meine Vision) jetzt tun?«*

Wenn du ein anderer Mensch werden möchtest, suche dir ein passendes Umfeld. Es fällt dir leichter, das Positive zu sehen, wenn deine Freunde und Freundinnen ebenfalls optimistisch denken.

Ob wir wollen oder nicht, wir passen uns an die Menschen an, mit denen wir die meiste Zeit verbringen. Darum stell sicher, dass sie deine Vision von einem glücklichen Leben unterstützen.

# SCHLUSS MIT DEM STREBEN NACH FREMDEN IDEALEN

*Wenn wir überlegen, wie wir sein möchten, schaltet sich unser Idealbild ein. Dann verlieren wir uns leicht in fremden Ansprüchen, statt den eigenen Weg zu gehen.*

Wie ich sein möchte? Schön natürlich. Schlank, erfolgreich, aber auch eine gute Zuhörerin, eine liebevolle Mutter, ein gebildeter, weltoffener Mensch, sozial engagiert, fleißig, humorvoll und immer gut strukturiert …

Mach dir bewusst, dass dein Idealbild zum Großteil die Vorstellungen anderer Menschen widerspiegelt. Denn es entsteht im Austausch mit unserer Umwelt, durch die Ansprüche anderer, aber auch durch ihr Feedback. Wenn wir herausfinden möchten, wer wir wirklich sein wollen, ist es wichtig, dass wir uns frei machen von dem, was wir nur für andere tun.

Zu unseren psychischen Grundbedürfnissen gehört das Bedürfnis nach Bindung mit anderen Menschen. Wir wollen von ihnen gesehen und anerkannt werden. Früher war es überlebenswichtig, von einer Gemeinschaft akzeptiert zu werden. Deswegen versuchen wir vor anderen gut dazustehen.

Das gilt einmal mehr für all jene, die in der Kindheit zu wenig Anerkennung erhalten haben. Vielleicht, weil die Eltern abwesend waren oder so sehr mit ihren eigenen Problemen beschäftigt, dass sie ihr Kind nicht ausreichend würdigen konnten. Je weniger Bestätigung man als Kind erhalten hat, desto größer ist die Gefahr, den Rest des Lebens auf der Suche nach der Bestätigung anderer zu verbringen. Manche suchen diese über ihre Leistung, weil sie von klein auf gelernt haben, dass sie nur dann Anerkennung erhalten, wenn sie erfolgreich sind. Andere suchen die Anerkennung über Schönheit oder Nächstenliebe.

Je nachdem welches Verhalten von unserem Umfeld mit Zuwendung unterstützt wurde, versuchen wir auch als Erwachsene dadurch gemocht zu werden, dass wir besonders fleißig, stark, erfolgreich, schön oder freundlich sind.

Es ist menschlich, dass wir uns nach Bestätigung von anderen sehnen. Trotzdem sollten wir sowohl unsere Identität als auch unsere Lebensziele nicht allein davon abhängig machen, ob sie bei anderen Menschen gut angesehen sind.

Denn wir erhalten nicht jeden Tag aufs Neue Anerkennung für unsere Entscheidungen. Das ist okay, wenn es andere gute Gründe für sie gibt, zum Beispiel, dass wir uns für eine bestimmte Ausbildung interessieren oder einen bestimmten Job anstreben. Aber wer seine Entscheidungen nur im Hinblick darauf fällt, andere zufriedenzustellen, wird damit langfristig nicht glücklich.

## DIE UNGLÜCKLICHE HERZOGIN

Ob du in den Augen der Gesellschaft erfolgreich bist oder nicht, entscheidet nicht über dein Lebensglück. Meghan Markle war eine bekannte und sehr erfolgreiche Schauspielerin. Als sie dann auch noch Prinz Harry heiratete und zur Herzogin von Sussex wurde, schien das Märchen perfekt: Reich, schön, adlig, einflussreich und von aller Welt bewundert und beneidet. Was musste sie glücklich sein. War sie aber nicht. Der Einzug in das britische Königshaus ging mit Selbstmordgedanken und tiefster Verzweiflung einher, wie sie in einem Interview preisgab. Die Herzogin Meghan von Sussex ist nicht die Einzige, die unser gängiges Verständnis von »Erfolg, Reichtum und Schönheit = Glück« auf die Probe stellt.

Du kannst dein Leben danach ausrichten, von möglichst vielen bewundert zu werden, aber es wird dir das ersehnte Lebensglück nicht schenken. Ähnlich sinnlos ist es auch, dich für die Anerkennung einer einzigen Person zu verbiegen:

Lizzy wuchs in einem leistungsorientierten Elternhaus auf. Insbesondere ihr Vater machte ihr von Anfang an klar, dass viel von ihr erwartet wurde. Wann immer die Tochter mit einer guten Note oder einem exzellenten Arbeitszeugnis nach Hause kam, erhielt sie nicht etwa Lob, sondern Druck, sie müsse mehr machen und weiterkommen. Ihr Abitur schloss Lizzy als Beste ihres Jahrgangs ab. Doch statt ihr eine Pause zu gönnen, plante ihr Vater bereits ihre berufliche Laufbahn. Was immer sie auch tat, er ließ sie stets wissen, dass es in seinen Augen nicht genug war. Irgendwann begriff Lizzy, dass sie es ihm nie würde recht machen können. Nichts, was sie erreichte, würde je gut genug für ihn sein. Sie beschloss, dass es nur noch einen Weg für sie geben würde: ihren Weg.

Gibt es auch in deinem Leben jemanden, nach dessen Anerkennung du dich sehnst? Wie steht es um die Dinge, die du tust (zum Beispiel deine Ausbildung, Praktika, Auslandsaufenthalte, Studium, Job, Familiengründung, Hausbau etc.). Tust du sie aus eigenen freien Stücken, oder weil du denkst, dass andere sie von dir erwarten oder sie bei ihnen gut angesehen sind?

Menschen machen viel, um andere zu beeindrucken. Doch sollte jetzt klargeworden sein, dass das kein Weg zum Glück ist. Darum frage dich: Welches der Ziele, die du anstrebst, würdest du auch erreichen wollen, wenn niemand etwas davon mitbekommen würde? Stell dir vor, du könntest es nie zeigen und niemandem davon erzählen. Würdest du unter diesen Bedingungen noch immer den Marathonlauf, die Beförderung oder das Haus im Grünen anstreben?

## DEINE WERTE WEISEN DEN WEG

Wenn wir das Leben rückwärts leben könnten, würden wir wahrscheinlich einiges anders machen. Doch wir müssen es vorwärts leben. Im Strudel der Orientierungslosigkeit hilft uns nur das Vorbild der anderen und das, was von der Gesellschaft hoch angesehen wird. So verlieren wir uns in Nebensächlichkeiten. Wir beschäftigen uns mit allem Möglichen. Nur nicht mit dem, was wirklich wichtig ist.

Wenn es darum geht, eine Vision für das eigene Leben zu erstellen, müssen wir zu dem Kern dessen durchdringen, was für uns wirklich im Leben zählt und den ganzen Lärm und die Ablenkung von außen abstellen. Denn das Leben fühlt sich sinnvoller an, wenn wir nicht einfach nur machen, »was man sollte« und was andere von uns wollen, sondern so agieren, wie es uns persönlich wichtig ist.

ÜBUNG: ***Meine Werte finden***

*Beantworte die folgenden Fragen stichpunktartig und folge dabei deiner ersten Eingebung.*

- *Denk einmal an deine Kinder (oder stell dir vor, du hättest welche): Was möchtest du ihnen vorleben? Was sollen sie von dir über sich selbst oder die Welt erfahren?*
- *Und jetzt lass uns noch einmal in die Zukunft springen. Woran sollen sich die Menschen erinnern, wenn du nicht mehr bist? Welche deiner Eigenschaften würden deine Weggefährten hervorheben, wann immer die Rede auf dich kommt? Was möchtest du deiner Nachwelt an Werten und Einstellungen hinterlassen haben?*

*Deine Antworten bringen dich in Kontakt mit deinen wahren Werten. Sie zeigen dir, was dir im Leben wichtig ist. Das Beispiel, das du deinen Kindern vorleben möchtest, ist vermutlich nicht, ihr Leben ihrer Arbeit unterzuordnen und unbedingt etwas zu gelten. Viel eher hast du vielleicht daran gedacht, dass sie zu selbstbewussten und glücklichen Menschen heranwachsen sollen, die ihre Lebensträume voller Zuversicht und innerer Stärke verwirklichen. Wenn du ihnen das passende Vorbild liefern möchtest, solltest du es dann nicht genauso machen?*

Um herauszufinden, was du auf dieser Welt erfahren möchtest, hilft es, sich die Endlichkeit des eigenen Lebens vor Augen zu führen. Denn im Angesicht des Todes ist nicht mehr wichtig, welche Jobbeschreibung auf unserer Visitenkarte stand. Auf dem Sterbebett wird auch dem Letzten klar, dass »fuhr einen Mercedes-Benz« am Ende rein gar nichts zählt. Wichtig sind vielmehr die Menschen, in deren Gesellschaft wir uns wohl fühlen und die Tätigkeiten, die unsere Augen zum Strahlen bringen. Wichtig ist, dass wir unsere Zeit genutzt haben, statt sie zu verschwenden.

*Wann immer du eine Entscheidung für deine Zukunft fällst: Führe dir vor Augen, dass es DEIN Leben ist. Es ist deine Lebenszeit. Wie möchtest du sie verbringen? Was will dein Herz?*

# TU, WONACH DEIN HERZ SICH SEHNT

*Im Trubel des Alltags verlieren wir leicht aus den Augen, dass wir selbst unser Leben formen und gestalten. Doch ist es nie zu spät für andere Entscheidungen.*

»Ich wollte immer schon auswandern, reisen, die Welt entdecken. Mit 26 habe ich dennoch beschlossen, ein weiterführendes Studium anzufangen. Man muss doch ›vernünftig sein‹.

Eines Tages saß ich an der Uni und mein Herz hat geschrien. Ich wusste, ich bin nicht am richtigen Ort. Ich bin sofort nach Hause gegangen und habe einen Job auf Malta gesucht. Ein Jahr später ist meine Reise sogar noch weiter gegangen nach Indonesien, Thailand und Malaysia. Hier habe ich meinen Freund kennengelernt, wie das Schicksal eben will, wenn man dem Herzen folgt.

Ich lebe immer noch in Asien und wenn ich zurückschaue kann ich aus gutem Gewissen sagen, es war die beste Entscheidung meines Lebens! Ich tue nur noch Dinge, die ich machen will und kann nur jedem sagen, höre auf dein Herz. Deine Seele wird dich führen und beschützen, wenn du ihr nur die Chance gibst.«

*Victoria (Glücksdetektiv-Leserin)*

Wenn wir jung sind, glauben wir, die Welt läge uns zu Füßen. Wir könnten alles machen und alles erreichen und nichts würde uns je den Wind aus den Segeln nehmen. Doch je älter wir werden, desto enger wird das Korsett unserer Alltagsstrukturen. Wer mehr erreicht hat, kann mehr verlieren. Wer mit 21 Jahren von seinem Partner verlassen wird, hofft einfach auf den nächsten. Doch eine Trennung mit 41 Jahren zieht für gewöhnlich weit schwerwiegendere Konsequenzen nach sich. Schließlich war man schon verheiratet, hat ein Haus gebaut und drei gemeinsame Kinder.

Wir verbringen viele Jahre unseres Lebens damit, einen guten Job zu finden, Karriere zu machen, eine Familie zu gründen und ein gemütliches Nest zu bauen. Doch genau diese Errungenschaften sind es, die uns irgendwann die Luft abschnüren. Plötzlich scheint das Leben nicht mehr voller Möglichkeiten zu bestehen. Durch all unseren Besitz und alles, was wir erreichen, geht auch das Gefühl von Freiheit und Leichtigkeit verloren.

Trotzdem sollte uns nichts davon abhalten auch jetzt noch alles dafür zu tun, um ein Leben nach eigenen Vorstellungen zu führen. Denn die Optionen sind nach wie vor da. Wir können nach wie vor unseren Job wechseln, etwas Neues erlernen oder eine neue Beziehung eingehen.

Das Leben, das du führst, ist zu großen Teilen ein Resultat deiner Entscheidungen. Du hast dich irgendwann entschieden den Job zu machen, den du gerade ausübst und du entscheidest dich nach wie vor für ihn, solange du weiter dabeibleibst. Genauso kannst du heute eine neue Entscheidung treffen, die dein Leben in eine andere Richtung lenkt.

»Was gäbe ich darum, am Meer zu wohnen!«, »Ein kleines Café eröffnen und meine Kuchen verkaufen … das wäre toll!«, »Ich möchte die Welt gesehen haben, bevor ich sterbe.« »Einmal auf der großen Bühne stehen … das wär's.«

Die meisten Menschen haben einen mehr oder weniger heimlichen Wunsch wie diesen. Sie träumen davon woanders zu leben, etwas Besonderes zu tun, ein Talent einzusetzen oder mit der Natur in Einklang zu leben, fernab von der Hast und dem Lärm der großen Städte. Träume wie diese müssen kein Wunschdenken bleiben. Denn wenn wir uns für einen Moment von der Vorstellung befreien, die wir bislang vom Leben hatten und die einschränkenden Glaubenssätze in unserem Kopf hinter uns lassen, wer oder was hält uns dann von der Verfolgung unserer Träume ab?

## GLAUB AN DICH, GLAUB AN DEN TRAUM

Es sind zwei Dinge, die Menschen dazu bringen, ihre Träume zu verwirklichen: der Glaube an sich selbst und der Glaube an ihr Ziel! Der Glaube ans Ziel ist leicht zu erreichen. Du musst dir nur vor Augen führen wie viele andere Menschen genau dieses Ziel schon verwirklicht haben. Du bist doch nicht der erste Mensch, der davon träumt, sich selbstständig zu machen, ein eigenes Café zu eröffnen, auszuwandern oder mit deiner Band erfolgreich zu werden. Die Tatsache, dass es Hunderttausende und mehr gibt, die dieses Ziel erreicht haben, zeigt dir glasklar, dass es möglich ist.

Dass, was den meisten Menschen wirklich im Wege steht, ist also nicht so sehr das Vertrauen darin, dass ihr Ziel erreichbar ist, es ist vielmehr der Glaube an sich selbst. Solange du überzeugt bist, weniger zu bedeuten, weniger liebenswert, weniger klug, talentiert oder vom Glück gesegnet zu sein, so lange wirst du dich auch mit weniger zufriedengeben. Doch die Grenzen, die du dir auferlegst, existieren nur in deinem Kopf.

Ein Mann saß auf einer Parkbank und beobachtete sehnsüchtig einen Vogel, der sich mal hierhin, mal dorthin tanzend durch die Lüfte schwingt. Als der Vogel sich neben der Parkbank niederlässt, sagt der Mann zu ihm: »So wie du möchte ich auch gerne sein, Vogel. Du hast die Freiheit überall hinzufliegen, wenn es dir irgendwo nicht mehr gefällt.« Der Vogel blickte den Mann eindringlich aus seinen schwarzen Augen an und erwiderte dann ganz zum Erstaunen des Mannes: »Und was hält dich davon ab überall hinzugehen?«

- »Aber ich kann doch nicht so einfach …«
- »Ich muss doch erst …«
- »Dafür fehlt mir das Geld.«, »Ich bin zu alt.«, »Und überhaupt … was, wenn es schiefgeht?«

Und was, wenn es gut geht? Was, wenn dein Traum nicht länger dein Traum sein muss, sondern dein Leben sein kann? Die Stimmen in deinem Kopf sind ein schlechter Ratgeber. Sie versuchen dich zu schützen, indem sie alles beim Alten belassen. Wenn das in deinem Sinne ist, lass sie nur reden. Doch wenn du etwas anderes vom Leben möchtest, dann ist es an der Zeit ihnen eine stärkere Stimme entgegenzusetzen. Die Stimme deiner Taten.

Dir das Leben zu schenken, von dem du träumst, bedeutet für die Erfüllung deiner Träume aktiv zu werden. Es bedeutet, an dich zu glauben, selbst, wenn es kein anderer tut.

Als eine junge, unerfahrene Schauspielerin 1976 für den Film *»King Kong«* vorsprechen wollte, wurde sie vom Produzenten auf Italienisch abgewiesen, sie sei ein »hässliches Ding«. Statt zu weinen antwortete sie, dass sie ihn verstanden hätte und es ihr leidtäte, dass sie nicht hübsch genug sei für die Rolle.

Gut so. Danach wurde sie für die preisgekrönte Serie *»Holocaust«* gecastet. Heute ist Meryl Streep eine der künstlerisch erfolgreichsten Filmdarstellerinnen mit den meisten Oscar-Nominierungen (21, 3 gewonnen), die auch noch am häufigsten mit einem Golden Globe ausgezeichnet wurde.

Wie gut, dass ihr Glaube an sich selbst größer war als das Vertrauen in die Einschätzung eines Fremden.

Das gilt auch für den Regisseur Steven Spielberg, der dreimal von der Filmhochschule abgelehnt wurde (und heute dort einen Ehrendoktor innehat), für Walt Disney, dem man attestierte »keine Fantasie« und »keine Ideen« zu haben und für Elvis Presley, der nach seinem ersten Auftritt hörte: »Damit bringst du es zu nichts. Fahr lieber wieder Laster«.

Andere wissen es eben oft auch nicht besser als wir, selbst wenn sie erfahrener sind oder höhere Positionen besetzen.

All die Menschen, die du bewunderst, haben irgendwann genau dort begonnen, wo du jetzt stehst: Sie hatten einen Traum, aber mit Sicherheit auch jede Menge Zweifel im Herzen. Sie wurden abgelehnt und sind bestimmt das ein oder andere Mal hingefallen. Aber sie haben sich davon nicht beirren lassen, sondern ihren Weg beharrlich fortgesetzt. Wenn auch du einen Traum hast oder die Vision eines besseren Lebens, fang an, sie Stück für Stück Wirklichkeit werden zu lassen.

*ÜBUNG:* ***Vom Wunsch zur Wirklichkeit***

*Alles, was du benötigst, um einen Traum Wirklichkeit werden zu lassen, hast du bereits in diesem Buch erfahren: Es gilt zum einen, das Ziel so greifbar wie möglich zu machen, damit du jederzeit weißt, was zu tun ist. Zum anderen solltest du es in so viele Teilschritte zerlegen, dass jeder Schritt davon einfach umzusetzen ist und du die Angst vor dem Handeln verlierst. Die einzelnen Schritte auf deinem Weg zum Ziel könnten so aussehen:*

- *Fülle deinen Akku auf: Mit leeren Batterien startet kein Auto und kein Mensch verwirklicht seinen Traum. Es gibt Phasen, da sind wir zu sehr damit beschäftigt zu überleben, als dass wir unseren Träumen nachgehen könnten. Wenn es dir gerade so geht, besteht der erste Schritt darin, neue Energie zu gewinnen. Die Glücksgewohnheiten aus Kapitel 5, ab Seite 75, helfen dir dabei.*
- *Suche Inspiration: Sofern du noch nicht weißt, was du dir vom Leben wünschst, begib dich auf die Suche nach Inspiration: Wann fühlst du dich gut? Welche Werte und Interessen prägen dich? Kennst du vielleicht Menschen, die etwas ausstrahlen, nach dem du dich sehnst? Zitate, die dir nicht mehr aus dem Kopf gehen? Geschichten aus Romanen oder Filmen, die dein Herz berühren? Hier geht es nicht nur darum, genau zufassen, wonach du dich sehnst, sondern auch möglichst konkrete Vorbilder zu finden, die dir zeigen, dass das, wonach du dich sehnst, umsetzbar ist.*
- *Konkretisiere dein Ziel: Ein Traum bleibt auf ewig unverbindlich, bis wir ihn in ein konkretes Ziel übersetzen. Ziele sollten möglichst spezifisch und messbar sein. Statt zu sagen:*

*»Ich möchte woanders leben«, heißt es jetzt: »Am 01.01.2022 wandere ich nach Kopenhagen aus.«*

- *Definiere Zwischenschritte: Als Nächstes sollte dein Ziel in mehrere Teilschritte aufgeteilt werden. Die sollten klein sein und leicht erreichbar. Überlege dir: Was musst du tun, um an dein Ziel zu gelangen? Es hilft, sich den Prozess rückwärts vorzustellen. Plane so viele Zwischenschritte wie möglich ein, damit dir jeder von ihnen machbar erscheint und die Hürde zu handeln verschwindet.*
- *Etabliere passende Gewohnheiten: Gibt es eine oder mehrere Routinen, die dir den Weg zum Ziel erleichtern? Denk dran: Mit der richtigen Gewohnheit ist es leicht, sich zielführend zu verhalten. Möglicherweise kannst du dir ein tägliches Zeitfenster für die Arbeit an deinem Ziel einrichten und sie über eine Wenn-dann-Regel mit einem passenden Auslöser verbinden. (»Nachdem ich morgens meine Yogamatte weggepackt habe, setze ich mich für eine halbe Stunde an den PC und arbeite an meinem Projekt.«)*
- *Geh in die Umsetzung: Nach der Planung folgt die Umsetzung. Trainiere deine neue Gewohnheit (und baue sie aus) oder starte mit Schritt Nr. 1 auf deinem Weg zum Ziel.*

*Nach diesem Schema kannst du vorgehen, um Belastungen im Leben zu reduzieren. Wenn du deinen Job wechseln möchtest, fülle zunächst deinen Akku auf, um die Kraft für die Veränderung zu bekommen. Finde dann eine Vision davon, was du machen möchtest (und vielleicht auch ein Vorbild), fasse dein Ziel so genau wie möglich, definiere die Zwischenschritte auf dem Weg dorthin und baue passende Gewohnheiten in deinen Alltag ein.*

Einen Traum zu verwirklichen ist nicht die Voraussetzung dafür, glücklich zu sein. Dafür sorgst du unabhängig von allem, was du im Außen erreichst, über deine innere Haltung und deine Gewohnheiten.

Nichtsdestotrotz hast du die Möglichkeit, die Zeit, die dir auf Erden geschenkt ist, nach deinen Vorstellungen zu gestalten. Es wird dich zufriedener machen, Dinge zu tun, nach denen sich dein Herz sehnt, als irgendetwas zu tun, in was du einfach so reingestolpert bist. Darum trau dich, dein Leben aktiv in die Hand zu nehmen und es so zu gestalten, dass du darin aufblühen kannst.

*»Monde und Jahre vergehen, aber ein schöner Moment leuchtet durch das Leben hindurch.«*

FRANZ GRILLPARZER
(ÖSTERREICHISCHER DRAMATIKER)

# DEIN NEUES LEBEN ERWARTET DICH

*Unsere gemeinsame Reise neigt sich nun dem Ende zu. Doch dein Wandlungsprozess geht jetzt erst richtig los. Denn nun gilt es umzusetzen, was du hier gelernt hast.*

Du hast hier viele Möglichkeiten kennengelernt, die dir ein zufriedeneres und glücklicheres Leben ermöglichen können.

Das Wissen darüber, wie sich Routinen verändern lassen, wie du dich mit schädlichen Gewohnheiten und einschränkenden Glaubenssätzen, mit deinen Träumen und Zielen auseinandersetzt, kannst du nun einsetzen, um dein Wunschleben zu erschaffen.

Ich weiß: Was in der Theorie so einfach klingt, ist in der Praxis schwierig umzusetzen. Es ist frustrierend, wieder und wieder festzustellen, dass man doch in alte Muster verfallen ist. Du wirst dich fragen: »Wie soll mir das je gelingen?« Aber ich garantiere dir: Dein erhöhtes Bewusstsein ist der größte Hebel, der dir für deine Veränderung zur Verfügung steht. Allein zu bemerken: »Jetzt bin ich wieder in Sorgenspiralen verfallen« oder »Jetzt habe ich wieder den Fernseher eingeschaltet, statt die Malsachen rauszuholen« gibt dir die Möglichkeit, dich genau in dieser Sekunde anders zu verhalten und zum Beispiel den Fernseher auszuschalten oder gar nicht erst einzuschalten. Deswegen ist jedes Bewusstwerden ein Schritt in die richtige Richtung. Und wenn du das oft genug tust, wird es dir irgendwann einfallen, bevor du den Fernseher einschaltest und das Muster ist durchbrochen.

Hab Vertrauen in dich selbst und in den Weg, der vor dir liegt. Denn nur wenn du glaubst, dass es möglich ist, wirst du den ersten Schritt gehen. Ich hoffe, dass du inzwischen sehen konntest, dass Veränderungen nicht groß und schmerzhaft sein müssen. Sie können klein und harmlos in der Sicherheit deiner vertrauten Umgebung stattfinden und dich dennoch dem Leben deiner Träume Schritt für Schritt näher bringen. Es ist kein Hexenwerk, dich oder dein Leben zu ändern. Du musst dich nur auf die richtigen Gewohnheiten konzentrieren und dich mit klitzekleinen Schritten langsam vorantasten.

*»Jeder Tag ist eine neue Chance, das zu tun, was du möchtest.«*
FRIEDRICH SCHILLER
(DEUTSCHER DICHTER UND PHILOSOPH)

Vergiss dabei aber auch nicht, dass Veränderungen ihre Zeit brauchen. Gewohnte Denk- und Verhaltensmuster sind hartnäckig. Sie wurden schließlich über Jahre hinweg kultiviert. Wenn das Ergebnis auf sich warten lässt, liegt das nicht daran, dass es nicht klappt, sondern dass der Trampelpfad deiner neuen Gewohnheit erst zu einer bequemen Fahrbahn ausgebaut werden muss. Und das geht nun einmal nicht von heute auf morgen, sondern bedarf vieler Wiederholungen. Je seltener du ein bestimmtes Verhalten ausübst, zum Beispiel einen Antreiber ignorierst, desto länger wird sich der Prozess ziehen. Deswegen gibt es auch keine konkrete Anzahl an Tagen, die es dauert, bis eine neue Gewohnheit etabliert ist. Allein die Anzahl der Wiederholungen zählt und die wird sich von Gewohnheit zu Gewohnheit sowie abhängig von deinem Einsatz und den individuellen Gegebenheiten unterscheiden.

Gib dir also die Zeit, die du brauchst und ärgere dich nicht, wenn du zwischenzeitlich wieder in alte Muster verfällst. Gelegentliche Ausrutscher sind völlig in Ordnung. Nur weil du zwei-, drei- oder viermal vergessen hast, dir positive Fragen zu stellen, bricht die Straße nicht unter dir weg. Es sprießt lediglich ein bisschen Unkraut aus dem Boden. Das ist nichts, was du nicht durch die nächsten drei, vier oder fünf Wiederholungen ausgleichen kannst. Denk immer daran: Die meisten Veränderungen scheitern, weil wir vorzeitig aufgeben; nicht, weil sie unerreichbar sind.

Lass dich nicht unterkriegen, wenn du hie und da auf Probleme stößt. Vielleicht muss der Plan nur noch ein wenig nachgebessert werden. Einfachheit ist der Schlüssel! Das heißt:

- Du hast nicht genug Energie? Dann hast du dir vielleicht zu viele Projekte auf einmal vorgenommen. Konzentriere dich nur auf ein oder zwei Veränderungen und verschiebe den Rest auf später.
- Das neue Verhalten ist zu schwierig? Dann hast du es womöglich zu groß angesetzt. Gehe einen Schritt zurück, indem du das Vorhaben kleiner machst oder gleich wieder mit dem Startschritt anfängst.

- Du weißt nicht genau, was zu tun ist? Dann zerlege die Gewohnheit in kleine, überschaubare Schritte. Mach die einzelnen Teile so konkret wie möglich, damit du genau im Bilde bist.
- Du hast das neue Verhalten vergessen? Dann finde einen besseren Auslöser, der dich zuverlässig daran erinnert und spiele das Verhalten am besten auch gleich noch mehrfach in deiner Vorstellung durch.

Gehe liebevoll mit dir selbst um und versuche den Prozess der Veränderung zu genießen. Jeder Schritt wird dich deinem Ziel von mehr Glück und Erfüllung näher bringen. Sei stolz auf dich und klopf dir auf die Schultern, für jedes Mal, wenn du einen schädlichen Gedanken stoppst, dir eines Musters bewusstgeworden bist oder dich anders verhältst.

Wenn du dein Leben verändern möchtest, liegt ein weiter Weg vor dir. Morgen wirst du kein neuer Mensch sein und nächsten Monat vermutlich auch noch nicht. Aber in einem Jahr… in einem Jahr kannst du ein spürbar besseres Leben führen. Wenn du von nun an so oft wie möglich einen Schritt in die richtige Richtung gehst.

»Ich hatte schon abgeschlossen mit meinem irdischen Dasein und dachte für eine gewisse Zeit, ich müsste sterben. Ich bekam kaum noch Luft und hab mich nur noch auf meinen Atem konzentrieren müssen. Einatmen und ausatmen. Mehr war nicht mehr drin. Ich lag im Krankenhaus und hab in der zweiten schlaflosen Nacht durch die offenen Fenster einer Frau beim Entbinden zugehört. Stöhnen, Jammern, Schreien, die beruhigenden oder anfeuernden Worte der Hebamme oder

Schwester und dann irgendwann dieser unverkennbare erste Schrei eines Neugeborenen. Es war ein Geschenk für mich. Eine Erinnerung, welches Wunder auch ich selbst bin. Egal, wer du bist, was du hast, was du kannst, wohin du gehst. Es beginnt mit dem ersten und endet mit dem letzten Atemzug. Die Zeit dazwischen ist das Geschenk des Lebens!«

*Beate (Glücksdetektiv-Leserin)*

Du bist nicht deine Vergangenheit und dein Schicksal steht nicht fest. Der Unterschied zwischen dem Menschen, der du bislang warst und dem, der du sein möchtest, liegt in dem, was du denkst und tust. Wenn du dich nur oft genug so verhältst, wie die Person, die du sein möchtest, wirst du zu ihr. Du verfügst demnach über alle Voraussetzungen, um glücklicher zu werden und deinem Wunschleben näher zu kommen.

Gib den Glauben an ein besseres Leben daher nie auf. Es gibt immer etwas, was du tun kannst, um dir ein kleines Stück Lebensqualität zurückzuerobern. Ich hoffe, dass dir dieses Buch auch in deinen dunkelsten Stunden ein Leuchtfeuer der Hoffnung sein kann. Denn wenn wir all den Kummer und die Probleme mal kurz beiseiteschieben, gibt es kein größeres Geschenk, als am Leben zu sein. Lass uns danach streben, das Beste daraus zu machen, indem wir tun, was uns am Herzen liegt, und so glücklich wie nur irgend möglich sind.

Du hast die Freiheit zu wählen, wie du leben möchtest. Deswegen schenk dir das Leben, von dem du träumst.

Alles Liebe
Deine Katharina

»Was immer
du tun kannst
oder träumst,
es zu können,
fang damit an.«

JOHANN WOLFGANG VON GOETHE
(DEUTSCHER KLASSIKER)

## DIE AUTORIN

**Dr. Katharina Tempel** ist Diplom-Psychologin und unterstützt als eine der erfolgreichsten Online-Coachinnen im deutschsprachigen Raum Menschen dabei, glücklicher zu werden und ein erfüllteres Leben zu führen. In ihrer Doktorarbeit untersuchte die Expertin für *Positive Psychologie* Übungen, mit denen Frauen und Männer selbständig ihr Wohlbefinden verbessern können. Mit ihrer Webseite »Glücksdetektiv« und dem gleichnamigen YouTube-Kanal begeistert und inspiriert sie Hunderttausende. Allein ihre Videos wurden bereits über 25 Millionen Mal aufgerufen. Sie ist Autorin des Spiegel-Bestsellers: *Gib dir die Liebe, die du verdienst.* Katharina lebt mit Mann und Kind in Berlin.

Hier findest du Katharina:

www.gluecksdetektiv.de
www.youtube.com/gluecksdetektiv

Einen exklusiven Bonus zum Buch erhältst du hier:
www.gluecksdetektiv.de/leben-bonus

LIEBE LESERINNEN UND LESER,

wir wollen Ihnen mit diesem Buch Informationen und Anregungen geben, um Ihnen das Leben zu erleichtern oder Sie zu inspirieren, Neues auszuprobieren. Wir achten bei der Erstellung unserer Bücher auf Aktualität und stellen höchste Ansprüche an Inhalt und Gestaltung. Alle Anleitungen und Rezepte werden von unseren Autoren, jeweils Experten auf ihren Gebieten, gewissenhaft erstellt und von unseren Redakteur*innen mit größter Sorgfalt ausgewählt und geprüft.

Haben wir Ihre Erwartungen erfüllt? Sind Sie mit diesem Buch und seinen Inhalten zufrieden? Wir freuen uns auf Ihre Rückmeldung. Und wir freuen uns, wenn Sie diesen Titel weiterempfehlen, in Ihrem Freundeskreis oder bei Ihrem Online-Kauf.

Sollten wir Ihre Erwartungen so gar nicht erfüllt haben, tauschen wir Ihnen Ihr Buch jederzeit gegen ein gleichwertiges zum gleichen oder ähnlichen Thema um.

KONTAKT ZUM LESERSERVICE

GRÄFE UND UNZER VERLAG
Grillparzerstraße 12
81675 München
www.gu.de

# IMPRESSUM


Postfach 860366,
81630 München

GU ist eine eingetragene Marke der GRÄFE UND UNZER VERLAG GmbH, www.gu.de

ISBN 978-3-8338-8020-9
5. Auflage 2022



Projektleitung: Anja Schmidt
Lektorat: Anna Cavelius
Bildredaktion: Simone Hoffmann, Nele Schneidewind
Umschlaggestaltung: ki36, Editorial Design, München, Daniela Hofner
Layout: independent Medien Design, Horst Moser
Herstellung: Susanne Fuhrmann
Satz: Uhl + Massopust, Aalen
Repro: Longo AG, Bozen
Druck und Bindung: DZS Grafik, Slowenien

## Umwelthinweis:

Nachhaltigkeit ist uns sehr wichtig. Der Rohstoff Papier ist in der Buchproduktion hierfür von entscheidender Bedeutung. Daher ist dieses Buch auf PEFC-zertifiziertem Papier gedruckt. PEFC garantiert, dass ökologische, soziale und ökonomische Aspekte in der Verarbeitungskette unabhängig überwacht werden und lückenlos nachvollziehbar sind.

## Bildnachweis

Adobe Stock: S. 177; Getty Images: S. 15_2, 44, 77, 80_1, 100, 102_2, 113, 157, 167; iStockphoto: S. 4, 15_1, 18, 23, 56, 60, 68, 88, 96, 102_1, 109, 117, 122, 126, 130, 132, 136, 142, 148, 162, 170, 179, 185; Plainpicture: S. 9, 27, 52; Stocksy: S. 13, 31, 36, 80_2; Unsplash/Billie/Georgia Mashford: S. 38, 74;

Syndication: www.seasons.agency

GRÄFE UND UNZER

Ein Unternehmen der GANSKE VERLAGSGRUPPE